BIOGRAFIA DA AUTORA

Nascida Maria Luzia Do Couto Rodrigues aos 13 de Abril de 1966 no Leste de Minas Gerais, na pequena cidade de Conceição do Ipanema, começou sua vida de escritora após separação traumática de seu marido depois de 29 anos de casada, a fim de se livrar-se de profunda depressão através de contos, romances e poemas tristes, sendo estes seus prediletos, seguindo posteriormente para os Contos eróticos e Romances diversos, onde ela misturou o real e a ficção. Sendo administradora das páginas **"Coisa de Mulher"**, **"Poesias Românticas e Eróticas"** e dos Blogs "Sabor Mulher", "Escritora Luzia Couto" onde publica diversos textos exclusivos trazendo uma perspectiva diferente sobre assuntos como romantismo, aventura, suspense etc...

Sendo Autora de livros como **"Cascais a vila do amor"**, que é uma estória com forte estilo próprio, mesclando ação, aventura e muita paixão, demonstrando com sua visão do mundo, que é capaz de construir realidades fictícias.

Como iniciou esta obra

Aconteceu, que inesperadamente, depois de um poema publicado numa página da Internet, um comentário lhe chamou atenção. Era meio que bravo, mas, foi o início de tudo, **"uma discussão"**, que causou a construção deste livro.

Poemas, que foram construídos ao longo dos dias e noites em que realizava cada palavra descrita, interjeição, pausas, virgulas, exclamações e pontos, que demonstram o sentido real do que é este pequeno livro e foi vivido plenamente. Poucas páginas escritas, mas, carregadas de amor, carinho, sentido e a descoberta de uma adolescente tardia.

Aos poucos o pequeno comentário, que originou a **"discussão"**, se tornou maior e de escritas palavras passaram a horas ao telefone, que a levaram a conhecer a pessoa por qual toda sua história mudaria. ela aos 54 anos de idade, começou então a viver como uma menina adolescente de 13/15 anos, a explosão de seus hormônios acontecera, pois, nunca amara antes.

O que parecia impossível aconteceu, estava ela ali apaixonada e amando realmente aquela pessoa, alguém na distância.

Passando no decorrer dos meses a viver uma intensa história de amor, onde tudo podia acontecer, desde a primeira fala até o encontro pessoal. Nem as centenas de kms de distância que os separava impedia as confidencias, os carinhos estimulados e que se amassem e respeitassem.

Eles se falavam por horas sem faltar assunto e motivação, cada palavra dita ou sentimento vivido era uma palavra no poema do dia seguinte a ser publicado, que rendiam calorosos comentários.

O primeiro encontro foi inesquecível, foram horas de amor intenso regado a muitos beijos e carinhos, ele viajou centenas de kms até ela, onde passaram momentos de carinhos, êxtases e muito amor. Ele, uma pessoa incrível, caráter e dignidade não lhe faltavam.

Tudo, que ela disse sobre essa pessoa será pouca coisa diante do que ele causava nela. Ela tem orgulho, antes de tudo de ser amiga e telo como amigo. A história começou numa "discussão" em um poema e Deus sabe onde vai terminar, vale ressaltar que no decorrer dos meses cada dia e hora vivida entre eles sempre existiu uma cumplicidade, que muitas pessoas ainda não conheceram.

Hoje, ela ainda vive com ele um amor surpreendente, que não cobra ou julga apenas ama incondicionalmente.

Esses momentos de amor e carinhos ficaram eternizados entre eles nesses poemas. Um amor assim não acontece todos os dias e as vezes nem em uma vida, pois, ela precisou viver 54 anos para chegar só agora a estes momentos especiais. Tudo, que ela escreveu e viveu aqui é pouco diante deste sentimento, que a envolve até hoje.

Ela aprendeu neste curto espaço de tempo, que ainda viva mais 100 anos não vai conseguir descrever ou esquecer este amor adolescente, mesmo que ele termine amanhã. Claro que não é isto que ela deseja, mas, como ela já disse em um dos poemas, somente Deus conhece cada vírgula, ponto ou reticências desta história e somente Ele vai colocar o ponto final aqui ou na eternidade.

Relato "dele" pra mim

Disse alguém, que um homem precisa plantar uma árvore, ter filhos, amar alguém pelo menos uma vez na vida de verdade e escrever um livro.

Eu amei três vezes se pouco ou muito não interessa, mas, apenas um destes amores me transformou num livro, isto pelo que realmente vivemos e sentimos e continuaremos a viver na eternidade do amor verdadeiro, sem restrições, sem limites e sem nenhuma cobrança, a não ser de se ver, sentir tudo e gozar juntos a vida ou virtualmente ou há quilômetros de distância, esta é a prova disso. Os 2 V's "VIDA VIVIDA" com poesia.

Eu não escrevi nada, mas, ela disse tudo sobre eu e ela, quente, frio, alegre, triste, felizes pelo tempo que nos resta vivendo como adolescentes. 13/05/2020

Agradecimentos

Primeiramente a Deus por me permitir estar vivendo este momento e também aos meus colaboradores "ele", que quis permanecer nas sombras e Paulo Pimenta Esteves Guimarães, aos meus leitores dos grupos de poesias dos quais escolhi alguns comentários, os quais transcrevo ao final.

DEDICO ESTE LIVRO A:

"Ele", meu inspirador e colaborador, a meus filhos Renato e Ronaldo, aos netos Miguel, Arthur, Davi, aos irmãos Adriana Maria, José Isidoro, Maria Isabel, Maria Cecilia, a meu pai Jorge Cardoso do Couto e **"in memoriam"** a mana Delfina Francisca do Couto e **a minha querida e saudosa Mãe Cecilia Isidoro Do Couto** a quem dediquei e dedico novamente este poema de saudade eterna:

"Mãe, você não está mais entre nós fisicamente, mas, em nossos corações você vive eternamente.

Sua alma nobre e seu coração generoso, sua integridade moral, sua capacidade de perdoar e amar eram a marca maior de sua existência, Deus a chamou muito cedo nos privando de sua companhia e seu amor, mas, nos deixou uma certeza, você sempre foi a mãe melhor do mundo para nós, seus filhos, saudades eternas.

Te amaremos para sempre.

Deus quis em sua infinita bondade e sabedoria te levar para junto de si, mas nos deu o privilégio de te chamar de mãe por vários anos seguidos, nos mostrando e nos fazendo provar de seu imenso amor e carinho.

Pois, amavas a vida de uma forma a nos ensinar, se mostrando uma mulher de fibra, corajosa, destemida, honesta, digna, trabalhadora e cheia de fé e esperanças, acreditando sempre que o amanhã seria melhor que hoje vencendo muitas lutas.

Seus cabelos começaram a pintar com a névoa do tempo, mas seu olhar permaneceu o mesmo, terno e carinhoso. Suas palavras de incentivo e apoio ficarão para sempre em nossas memorias. A vida não foi fácil para você, embora casada, sempre sozinha com os filhos sempre enfrentando as agruras da vida com sorriso e uma canção que vinha do coração nos lábios , buscando forças nessa canção, a qual cantava divinamente com a voz as vezes embargada pelo choro, que teimava em sair

e lagrimas rolavam de seus pequenos olhos castanhos, que você enxugava **dizendo ser culpa do vento.**

Ah mãe, que saudades sinto de você e seu abraço, ainda bem, que te disse muitas e muitas vezes **"eu te amo", s**e não o tivesse feito, hoje, certamente meu coração doesse de arrependimento.

Mas, digo em oração:

"Mãezinha querida eu te amo bem dentro do meu coração."

A Viagem

Na viagem de volta
Senti um aperto no peito
Um vazio na alma
Pois deixei ali aquele que com carinho me acolheu
Foram noites perfeitas
Dias maravilhosos
Onde meu coração sofredor recebeu afagos
Meu corpo desnudo recebeu carícias
Minha alma poética sorriu feito criança
Minha boca recebeu beijos
Com doce da mais fina flor
Meu corpo foi acariciado com
A delicadeza de uma rosa perfumada em manhã orvalhada
Nestes momentos mágicos
Posso dizer fui feliz
A vida se encarregou de trazer você
Horas de luz tênue que brilhará até a eternidade
Momentos de êxtase delírios e gozo
Pena que o tempo não para
A viagem chegou ao fim
Na estrada deserta e calma
A manta que cobria o toca Cds
Onde Maria Betânia muda ouvia os lamentos de saudade
Que se instalava em minha alma
Enquanto meu corpo gelado pelo frio de sua ausência
Era aquecido pela mesma manta
Enquanto a lua iluminava o céu distante linda
Banhava meu rosto pelo vidro janela.
Sendo assim a viagem dos sonhos.
A lua de mel tardia acontecia,
Para aqueles dois jovens de terceira idade
Onde a paixão, a magia,
Sedução e romantismo se esvaia em suaves gotas.
Embalando-os e embriagando-os de amor.
09/03/2020.

Tô te querendo

Tô te querendo aqui
Na minha cama
Alva de algodão cru
Quero ver seu corpo deslizar
Macio leve feito pluma
Bem aqui nos meus lençóis
Quero sentir teu cheiro teu calor
Sentir seu gozo
Você contorcer de prazer
Gemendo baixinho dizendo que me quer
Quero você comigo
Me deixando louco
Desejos a flor da pele
Lágrimas de prazer e eu te querendo
Com seu jeito manso tranquilo
Te quero comigo
Feito fera no cio
Fera indomada
E eu te querendo
Te quero comigo!

12/03/2020.

Silhuetas na sombra

Diante deste momento de êxtase,
Tendo nossos corpos desnudos sobre os brancos lençóis,
Deixei escapar um suspiro de desejo de ser possuída por ti de tal forma,
Que nossos corpos entrelaçados na penumbra, se contorciam de prazer.
Momento mágico, onde o amor trazia aqueles corpos largados
Ao doce gozo do amor que os envolvia profundamente.
12/03/2020.

Sonhando

Hoje sonhando contigo,
Desejando tê lo novamente,
Sentir seus beijos molhados,
Seus abraços apertados,
Teu corpo no meu grudado,
Nosso suor misturado,
Nossos desejos aflorados,
Nossos corações disparados,
Nossos corpos entrelaçados,
Nossas bocas mergulhadas num beijo,
E nossos gozos misturados,
Sem saber hora ou dia,
Tudo que importa é que o amor,
A magia do momento falará,
Tudo que muitos desejam,
Em seus secretos sonhos,
Nós dois aqui vivemos,
Nós dois aqui fizemos,
Amor simplesmente,
Alma ,coração,
Beijos, tesão.

13/03/2020.

Desejos

No silêncio de meu quarto,
Na penumbra da meia luz,
Velas coloridas espalhadas,
Perfume doce no ar,
Embriagada com seus beijos,
Beijos embriagantes mais que o vinho,
Corpos trêmulos pelo desejo,
Desejo que invade o corpo ,
Seduz a alma,
Encanta o coração,
Amor que acontece,
Na cama , na mesa , no chão,
Amor gostoso cheio de tesão,
Destes que enlouquece qualquer coração.

14/03/2020.

A viagem Dois

Distante da terra natal
Longe dos olhos alheios
Foi ali onde encontrei você.
Braços abertos, sorriso lindo,
Um beijo rápido e passos apressados,
Ruas tumultuadas e curvas aceleradas,
Enquanto os olhos diziam o que os lábios não conseguiam dizer,
O coração já havia reconhecido um rosto lindo,
Semblante triste,
Olhar cansado.
Mas, uma alma linda generosa.
No aconchego de seus braços,
No encanto de seus carinhos,
Provei o mais belo amor.
Amor sentido, beijos trocados,
Carícias ousadas ganhara aquele corpo
Ali despido tímido.
Lençóis amassados, toalhas encharcadas,
Noite de amor e frenesi,
Manhãs lindas e perfumadas.
Banho fresco corpos molhados,
Um café, um beijo,
Novamente o amor se fazia sentir.
Nesse momento louco, onde o amor não pede licença,
Onde a timidez vem a tona,
Tudo se transforma.
Dois corpos abraçados beijos ardentes,
Carícias ousadas,
Almas sedentas.
A decepção de outrora fizera aquelas duas almas se cruzarem
Ñ pelo tempo vivido,
Mas pela magia que os envolvia,
Parecia serem íntimos desde sempre.
Na despedida foi doloroso olhar aqueles olhos
Dar lhe um beijo.
Sentir desde então que a saudade já fazia presente
A solidão os alcançaria antes mesmo que os olhares baixassem
A lua grande no céu banhava meu rosto pelo vidro da janela,
Enquanto Maria Betânia tocava, ouvia-se lágrimas e lamentos de uma alma apaixonada.
14/03/2020.

Solidão

Enquanto vagueio no silêncio da noite,
Buscando por sua presença mesmo distante.
Percebo, que no leve fechar de olhos,
Tenho você bem junto à mim.
Basta relembrar nossos momentos,
Nossos corações disparados pela adrenalina,
Beijos embriagados pelo desejo sucumbente,
Suor e gozo misturados!
Nossos corpos entrelaçados.
Os lábios pronunciando frases,
Sussurros e afagos no ouvido.
Tudo, que dois amantes apaixonados,
Precisam para manter a chama.
Desejos desmedidos, carícias ousadas!
Lá estavam os corpos abraçados, desejando que o tempo parasse.
Depois desta lembrança gostosa revivida,
Restou uma certeza, preciso de você comigo para sempre!
15/03/2020.

Surpresas

Surpresas acontecem sem avisos prévios.
Conhecer seus segredos provar seus beijos,
Assim começou nosso amor!
Uma poesia erótica, um comentário.
Assim conheci você, depois provei seu beijo!
Nosso encontro na imensidão do nada.
Luzes opacas e atenção dispersa.
No aconchego de seus braços encontrei abrigo seguro.
Em sua boca os mais doces beijos,
Em seu corpo o verdadeiro desejo!
Tudo misturado, a forma poética de amar.
De seus sonhos descobri quais eram os meus.
Assim nosso encontro, mágico.
Amor, que acontece sem pudor,
No êxtase de nossas carícias trocadas,
Tivemos intensos momentos de gozo pleno e repetido!
Suor, gozo, lágrimas e delírios, muito prazer envolvidos!
17/03/2020.

Ressurgindo

Assim como aurora desperta as manhãs,
Meu Coração despertou da solidão.
Desde sempre minha alma triste, solitária,
Sonhava ocultamente contigo.
Encontrar você foi o ápice dos sonhos,
Enquanto vagueio no silêncio da noite hoje,
Posso sentir seu perfume inebriando minha alma,
Como se dissesse hei estou aqui.
Então, meus olhos te encontram.
Mesmo na escuridão da noite e no silêncio de minha alma,
Tudo, que meu corpo deseja é estar junto a teu lado!
Sentir seu calor,
Seu toque.
Meu desejo se torna maior quando recordo
Seus beijos,
Ouço sua voz sensual, meiga, sedutora,
Com seus sussurros em meus ouvidos,
Palavras sem nexo,
Mas de intensidade profunda, vindas do âmago do prazer.
Prazer este, concretizado pelos delírios de gozo e carícias dedilhadas profundamente.
Quero ressurgir novamente do gozo que me invade,
Ir de encontro a você, é o que preciso repetidamente em todas as posições e formas possíveis!

18/03/2020.

Inesquecível

Impossível esquecer Você e seus beijos.
Chegaste em minha vida como uma flecha perdida.
Alcançou o alvo, flechada certeira,
Quando dei por mim estava feito lua em céu estrelado,
Olhos brilhando, sorriso largo,
Coração descompassado,
Assim tudo misturado.
Alma triste onde existia muita dor,
Mas depois de você essa dor está dissipando,
Quando em vez a saudade aperta,
A solidão volta pedir abrigo,
Mas, lhe digo, que neste peito não tem espaço,
Desde que lhe conheci vivo a buscar te nos lugares improváveis, impossíveis.
Mas, te encontro no meu coração refugiado da saudade.
Ter você comigo é como alcançar a lua,
Beijar as estrelas,
E conhecer o paraíso, dormir nas nuvens.
Ter você comigo é como ouvir os anjos cantarem uma canção de amor.
Ter você comigo é um sonho lindo que precisa ser sonhado,
Um beijo ardente, um abraço apertado,
E um gozo completo de felicidade!

18/03/2020.

Sentimento

Hoje me sentindo triste,
Tudo voltou a ser trevas em minha alma.
Meu Coração se fechou e meu olhar ofuscou.
Meus pensamentos já não viajam no tempo.
A solidão invadiu meu peito doendo profundamente,
Entre lágrimas te procuro e não consigo sentir você.
De repente, tudo escureceu, se fez noite de trevas em plena lua cheia,
A noite infindável vai além da saudade.
Ter você para depois perdê-lo,
Significa morte cruciante em minha alma.
Solidão chegou sem pedir licença,
Ancorou e jogou lança em minha alma,
Rasgando o véu da tristeza, que invadiu minha vida como outrora .
Esse pobre coração descompassado,
Não irá suportar a solidão novamente.
Te amo como jamais havia amado alguém!
Te preciso como ar que respiro !
Te desejo com a força de um vulcão!
Te quero comigo! 22/03/2020

Distante

Hoje distante de tudo que lembra você,
Mesmo assim estarei a te buscar.
Te busco na imensidão do mar,
Te busco no azul do céu,
Te busco nas ruas desertas,
Te busco nas noites de luar,
Te busco nas noites sem dormir,
Te busco nas manhãs de primavera,
Te busco nas areias da praia,
Te busco na solidão que me invade,
Te busco em minha alma que chora sua falta.
Te encontro em meu coração feliz a saltitar,
Te encontro no brilho do olhar,
Te encontro no infinito de minha saudade,
Te encontro em meu peito oprimido pela falta sua,
Te encontro em minha alma ancorada,
Te encontro na tristeza que ficou na distância que me separa de ti,
Te encontro nas madrugadas frias,
Te encontro nas manhãs de outono,
Te encontro no frio do inverno que se tornou meu coração.
Depois de você, resta apenas a saudade!
A solidão que me invade!
A tristeza que existe em meu olhar!
Mas, te encontro,
No amor recebido por ti,
Te encontro nos beijos dos quais recordo o sabor,
Te encontro nas lembranças fragmentadas,
Te encontro na essência de todo amor envolvido,
Te encontro no perfume suave do pistilo em flor
Das noites de amor,
Te encontro em toda parte do universo.
Quero sentir novamente seu corpo grudado ao meu!
Quero sentir o gozo de nosso amor!
Quero sentir seus beijos ardentes!
Quero você porque o amo!

23/03/2020.

Noites

Esta noite meu peito apertou de saudade de você,
Então a chama estava acesa feito brasa viva.
Era o amor pedindo a chave da minha alma.
Queria entrar e pegar a senha de acesso.
Menino levado! Eu disse:
Entre, mas não bagunce de novo essa alma aflita.
Pois há tempos esteve trancada sem chave e senha.
Tudo que resta a este pobre coitado
É a certeza que a menina travessa existe.
Mesmo escondida quando vez aparece,
Faz desse coração um moleque apaixonado.
Mas esta noite, certamente, menino e menina vivem a puberdade,
Vivem a liberdade mesmo na terceira idade.
E diante deste amor lindo, que paira sobre eles ,
Resta um resquício de medo, do passado não muito distante.
Também a certeza, que ambos vivem novos desafios,
Vivem um amor compreensível, que sobrevive à distância.
Um amor solidário cheio de cumplicidade,
Um amor, que rasga o silêncio da noite e invade a Aurora.
Um amor que percorre a distância do tempo e acalma a alma,
Um amor que vence as trevas e encontra a luz.
Um amor que transcende a alma e ilumina a vida,
Trazendo consigo a certeza, que o amor sobreviverá além.
Além dos beijos e abraços, dos gozos, delírios, carícias e desejos .
Um amor capaz de vencer a saudade, a distância.
Amor, que dissipa o tempo e alcança o coração de dois adolescentes em plena idade adulta.

Amor inebriante, que embriaga mais que o velho vinho saído do cântaro.
É assim, que te amarei até a eternidade!

25/03/2020.

Deserto

No deserto desta madrugada sem luar,
Na imensidão do nada te procuro.
Te percebo no perfume suave, que o vento trás do mar,
Posso até ouvir sua voz sussurrar em meus ouvidos.
"Hei estou aqui!"
Mas olho em volta, não te encontro,
Só saudade existe neste momento,
Então recolho minhas lágrimas misturadas as lembranças encharcadas de saudade.
Minha alma poética canta uma poesia triste,
Relembro cada vez mais de você.
Meus pensamentos já não me pertencem neste instante,
Eles galopam na velocidade da luz de encontro a ti.
Os desejos mais íntimos secretos afloram,
Carícias ousadas ganham forma, modo, tamanho e intensidade.
Neste clima nostálgico minha alma alça voo até alcançar você,
Ao tocar seu corpo o verdadeiro desejo de ser possuída por ti toma conta de meu ser.
Então neste momento mágico chamo seu nome,
O amor acontece pleno, fugaz, sem nenhum pudor, como uma gaivota em mergulho no oceano.
Pois, nossos corpos vibram na mesma intensidade do encontro do côncavo e do convexo.
A madrugada já anunciando o novo dia através da aurora reluzente.
Então nos recolhemos em nossas camas,
Esperando um novo delírio de gozo e êxtase destes amantes.
Amor, que sempre acontece sem marcar horário,
Sem data ou preconceito.
Apenas acontece, porque duas pessoas se entregam mutuamente .

25/03/2020.

Noites frias

Noites frias de inverno, vinho quente, copos tinindo, corpos carentes.
Corações gelados a espera de um amor,
Onde homens e mulheres se amem realmente.
Inverno rigoroso,
Gelo em toda parte,
Um sorriso iluminado para tudo.
Este olhar sedutor de onde veio?
Veio de longe pra me enlouquecer!
Coração batendo fora do ritmo.
Alma triste, corpo carente,
Mentes abertas ou fechadas,
Não importava era amor.
Olhos esmeraldas, grandes, envolventes,
Seios abacates
Cabelos esvoaçantes.
Tudo meio exagero, confuso, mas belo o suficiente,
Para deixar um homem a suspirar pelos cantos.
Quando a alma se apaixona,
Tudo parece real e interessante.
As coisas se modificam, tudo se torna belo e envolvente.
E o amor se faz presente em meio a tudo e a todos,
Não importando o quanto dói na alma alguma indiferença.
O amor estará pronto a deixá-los,
Se não houver entrega íntima e verdadeira ao próximo,

Ou procurará outra moradia.
Pois, o amor nunca morre.
Em algum lugar ele sobrevive,
Em outras terras,
Outras almas.
Ele vive! Sempre se refaz,
Volta, torna ir, igual as ondas do mar.
E torna a voltar.
É um constante vai e vem.
Porque o amor nunca morre,
Apenas escapa de nosso alcance.
Vai visitar outras almas,
Outros corações!
27/03/2020.

Quando

Quando recordo você, meus olhos choram.
Recordo com saudade, nossos momentos,
Trago comigo seus beijos guardados,
Seus sussurros em meus ouvidos,
Palavras que o tempo não desfez.
Talvez, neste tempo eu tenha desistido de amar,
Tranquei meu coração joguei a chave fora.
Mas o destino que nada perdoa me trouxe você,
Coisas sem explicação!
Mesmo que tudo acabe logo, você morou neste coração,
Isto nada mudará meu amor por ti.
Ao contrário, por amar te muito, esqueço até de mim.
Esqueço, que o tempo passou, que envelheci,
Sinto me uma adolescente, que está amando.
Primeiro beijo, primeiro gozo, tudo segredo!
Segredos revelados, sonhos ousados,
Carícias trocadas sem falso pudor.
Desejos, que afloram a um simples olhar,
Nossos corpos juntos incendeiam,
Como um vulcão em erupção!
Basta um toque e lá estamos, entrega mutua, reciprocidade total.
Isto faz nosso amor ir além da explosão de gozos multiplicados.
Faz eu sentir como se o tempo tivesse blindado nosso amor,
Nossa juventude, até o momento real de nossas vidas.
Neste clima nostálgico minha alma te alcança e o traz para os meus braços novamente.
Quero você comigo novamente!
Quero te falar de nosso amor secreto nunca revelado!
Apenas guardado no cofre de nossas mentes.
Ah, as chaves estão em suas mãos!

29/03/2020.

Madrugada

Nesta madrugada recordei você,
Pensei em ti, em nós,
Lembranças encharcadas de saudade tomam conta do meu ser.
As lembranças tomam forma e trazem você,
Fragmentos mostram seu rosto depois seu corpo.
Assim tenho junto à mim seu corpo lindo,
Recordo seus beijos ardentes seus carinhos.
Sinto suas carícias e meu corpo estremece.
Arrepios percorrem até minha alma e recordo nosso orgasmo gostoso.
Múltiplos gozos marcaram nossos momentos,
Nesta hora meus olhos choram,
Te procuro em minha cama e só encontro o vazio.
Não passou de uma saudade, de uma lembrança
Da madrugada que embala meus desejos secretos.
Se pudesse transpor o espaço e o tempo iria a teu encontro.
Levaria meu corpo aquecido pelo desejo de pertencer a ti.
Encontraria em ti aquele amor fugaz de sempre,
Diria que o tempo não apagou as lembranças e nem a saudade foi embora.
Teria comigo aquele que provocou uma avalanche de reações até então desconhecidas,
Aquele, que acordou a fera adormecida pelo tempo,
Cujo corpo foi meu, me pertenceu e me satisfez.
Saberia eu então, que os momentos vividos, os orgasmos sentindo foram reais!
São lembranças desta madrugada fria!
Quero sentir novamente seus gozos em mim!
Quero ter seu corpo molhado do meu amor!
Quero você simplesmente por amar você!

31/03/2020.

Tarde

Era madrugada, quando percebi que te amo!
O tempo passou rápido, compreendi que ainda te quero!
Por vezes tentei esquecer de Ti,
Mas, toda vez meu coração triste chorava.
Chora sua falta, chora a saudade,
Sofre por amar alguém, que se quer sabe deste amor.
O amor aconteceu sem avisos,
Quando ele chega faz assim,
Deixa o coração feliz, a alma a cantar,
Por amor esqueci de mim mesma,
Esqueci que amo sem ser correspondida,
Esqueci que o tempo o afastou de mim.
Quisera ir além de tudo,
Voaria a seu encontro, beijaria seus lábios,
Caminharia contigo pelas areias desertas cheirando a maresia.
Te cobriria de carinhos te faria esquecer o amor antigo,
Amor este, que feriu seus sentimentos.
Amor, que apunhalou seu coração deixando cicatrizes profundas.
Te traria junto a mim, seu coração iria se curar com meu amor,
Suas cicatrizes profundas amenizariam com meus carinhos.
Com o tempo você estaria curado.
Então, navegaria contigo nas águas límpidas da paixão.
Quando a velhice nos alcançasse estaríamos juntos, seríamos fortes para superar a solidão,

Que rodeia e devasta as nossas almas outrora solitárias.
Ter você comigo seria como ir além das nuvens,
Seria visitar o céu e cumprimentar os anjos.
Ter você comigo seria o mesmo que ser imortal.
Pois, o meu amor por ti tem a proporção do infinito!
Exatamente assim, que minha alma te busca.
Te busco na essência do meu amor por ti!

01/04/2020.

Poema de uma louca!

Fazia frio e a chuva fina caia molhando tudo, desde o corpo até a alma daquela mulher bela e Desconhecida, fazia frio, tanto frio, que seu corpo tremia.

De quando em vez, ela para e olha o céu escuro e a chuva tenra fininha caindo molhando tudo, Molhando seu rosto seu sorriso e seu corpo desnudo na praia deserta.

Aquela mulher desconhecida, para, canta, grita, ninguém parece lhe ouvir exceto o tempo, a Noite fria e escura.

A mulher estranha indiferente, sorri como louca, molhada, gelada despida de corpo e alma. Olha o céu escuro e a chuva fininha caindo molhando, molhando tudo.

A lua faz que vai aparecer e o céu começa a clarear, a mulher canta, olha o céu e grita "por Que você não sorri pra mim?" Oh, chuva fina que molha o meu corpo, minha alma, traz de volta a Minha vida!

Vida, que você levou sem pedir permissão, sem ao menos me avisar, tirou-me de quem amo e Agora finge não me escutar!

Chuva, chuva, insiste a mulher desconhecida a gritar, o vento sopra com força, os raios riscam O céu escuro, que parece querer a mulher calar.

Nesta hora sombria, a mulher desconhecida, diferente, calada, parada olha em sua volta olha Seu corpo desnudo e com uma voz cálida e trêmula grita "Chuva me leve para longe donde estou!"

Os raios riscam o céu e a mulher desconhecida some, ao longe se ouve sua voz gritando Mansinho, chuva fria muito fria porque meu corpo gelado ainda treme de frio se nada sinto?

04/04/2020.

Chorei

Chorei por um amor distante,
Um amor destes, que faz o coração doer.
Quando penso na proporção deste amor vejo o infinito,
Visualizo um milhão de possibilidades para viver este amor.
Vejo um horizonte vasto de chances para dar certo,
Percebo a benevolência deste amor e choro.
Pois é como renascer a cada manhã e ter a certeza, serei feliz.
É poder olhar o infinito e se ver nele, se encontrar conectado.
Quando recordo você meus olhos choram,
Até porque eu não consigo me ver neste mundo sem você.
Viver na distância, que nos separa fisicamente,
Apenas me traz uma certeza não posso viver assim.
Ter você comigo é como olhar a lua cheia no céu distante e deseja-la,

Mesmo sabendo que não poderei tocá-la.
A distância me separa de tudo aquilo que mais quero.
Estar contigo, sentir teu corpo no meu,
Beijar seus lábios, ter seus orgasmos quentes,
Sentir nossos corpos aquecidos pelo desejo ardente,
Olhar seus olhos e me ver neles refletidos,
Sentir suas carícias e meu corpo a responder com gozos prazerosos.
Saber, que você e eu fomos feitos para amar,
Sem medidas e sem tempo,

Apenas amar,
Amar e ser feliz! 04/04/2020.

Filme

Tudo que meu coração queria, era ter você agora, depois de um certo tempo em minha vida,
Tudo muda, a rotina é quebrada.
Momentos de delírios e gozo outrora raros,
Em nosso caso não, são frequentes os momentos mágicos e de intimidade plena.
Desejos e carícias ousadas, sempre tomam forma e lugar,
Nossos corpos sucumbidos após orgasmos seguidos nos leva ao extremo.

Neste instante mágico, em que o amor acontece,
Sentimos vivendo um filme romântico, onde o amor vence.
Então, viajamos no tempo, nos tornamos personagens como Tristão e Isolda.
Quando nos soltamos de nossos corpos entrelaçados já é madrugada,
O dia chega, quase que nos convidando a nos recolhermos e nosso amor recomeça.
Então a sena do filme volta e me sinto adolescente no corpo e coração.
Pois, nossos corações se conhecem e nossos corpos respondem.
Ter você comigo é como viver e fazer o filme,
E mandar embora a saudade e a solidão, que nos maltrata pela distância,
E dizer ao mundo que estamos felizes.
Encontramos um motivo pra seguir adiante,
E poder olhar nos olhos um do outro e enxergar neles nossa história em forma de poesia!

05/04/2020.

Manhãs

Manhã de saudades de você,
Noite infindável maltrata pela distância que nos separa.
Quisera dissipar o tempo ir além,
Quisera ser o tempo, para estar sempre contigo.
Se pudesse transpor o espaço te beijaria a cada instante,
Ver seus olhos miúdos brilhando,
Ver seus lábios tocando meu corpo.
Ouvir sua voz transformada dizendo coisas sem nexo,
Mas, conexos estavam nossos corpos.
Sentir suas carícias e meu a corpo responder.
Dizer que não fico cheia de tesão seria mentir.
Pois, a cada pensamento voltado a ti, eu sinto arrepios percorrendo meu corpo.
Neste momento percebo que o tempo não apaga a saudade,
Ao contrário, me traz você com intensidade a cada instante.
A manhã chega e posso sentir seu perfume inebriando minha alma e recordo nossos desejos.
Nossos gozos misturados em um pouco de tudo,
Cheirando amor espalhado pela casa toda.
Finalmente, desponta o dia e tenho que voltar a realidade,
Distante estou de ti, mas, meu coração já te pertence,
Então espero mais uma vez por ti!
Espero por ti pra nosso amor recomeçar em nossos corpos!
Pra nossos gozos misturados responder por nossos momentos!
Te espero pra dizer, que eu te quero pra sempre!

07/04/2020.

Entardecer

Neste fim de tarde eu estava triste,
Tamanha saudade tomou conta de meu ser.
Meus olhos choraram e as lágrimas tinham sabor de solidão,
Meu peito sufocado gritava por ti.
Em meio a dor, onde sucumbia meu coração, meus pensamentos foram a teu encontro.
Talvez eu tivesse a certeza que você estava triste, meu Coração sentia ao longe.
Neste clima nostálgico, onde a dor machucava minha alma,
Eu sentia a cada instante sua falta,
Recordei você, nossos momentos, nossos desejos aflorados,
Nossos corpos entrelaçados pelo carinho,
Nossos lábios unidos pelo beijo ardente da paixão.
Então, consegui ver seu corpo desnudo, caliente, sedutor.
Era a chama viva me convidando ao amor,
Que fazer se meu corpo busca o teu?
Minha boca quer a tua!
Fazer amor contigo era tudo que eu queria!

08/04/2020.

Aconteceu

Aconteceu comigo e foi bem simples,
Uma manhã normal como tantas.
Encontrei alguém como eu,
Também sofrido com as peças que a vida nos prega.
Uma simples frase e nossas vidas mudaram,
Foi bem assim, poesia, melodia, meio dia .
Palavras incertas no momento certo,
Frases abertas e sem pontuações.
Chaves, que abrem e fecham corações,
Tudo, que minha alma desejava naquela manhã,
Era alguém para ouvir meus lamentos.
Aquele coração longínquo também necessitava como eu da mesma coisa.
Foram palavras talvez mal interpretadas,
Mas bastante ousadas e eficazes.
Assim como nada quer, ele, o amor, chegou sorrateiramente,
Amor venusiano, caiu como luva em meu peito.
Tratou de jogar as âncoras e gostosamente me escravizar.
Hoje, não consigo viver sem sentir teu corpo,
Teus beijos ardentes,
Meu gozo frenético em sua língua quente.
Nossos corpos são como um vulcão em erupção apagando-se no mar.
Nosso amor incendeia a desejos aflorados, carícias ousadas.
Este amor venusiano chegou pra se apagar no mar!

08/04/2020.

Um mês

Hoje, saudade tomou conta de meu ser,
Um mês sem ter você sem te ver .
Depois de um mês sem ter seus carinhos,
Seu corpo, seus beijos, seu amor.
Saudade machuca o coração, sufoca a alma.
Meu corpo procura o seu como água pra saciar a sede.
Meu Coração sofre a cada instante longe de ti,
Lembrando seus beijos ardentes, suas carícias ousadas,
Fazendo meu corpo estremecer de Desejos de ser tua novamente.
Nossos corpos cheios de Desejos chegaram ao ápice do amor,
Enquanto nossos gozos multiplicados pela intensidade do tesão afogava-nos,
Em 72 horas de amor suado e inebriante.
Vivemos, assim, um amor de conto de fadas, uma lua de mel invejada.
Hoje, saudade tomou conta de meu ser.
Quero ter você comigo!
Preciso ser feliz contigo!
Fazer amor contigo me tornou viva!

09 de abril-2020.

Lembranças

Foi custoso ficar sem você hoje,
Embora distante, estivesse presente na minha telinha.
Foi terrível ficar sem te ver,
Sem te ouvir.
Lembranças atormentaram meu dia,
Meu Coração dizia pra eu esquecer a solidão.
A razão mandava te buscar.
Então, recorri as lembranças refugiadas em minha alma.
Nelas pude ver seus olhos miúdos me olhando na cama,
Pude sentir seu cheiro sedutor,
O sabor de seus beijos ardentes,
Suas mãos deslizando em mim,
Arrepios percorrendo meu corpo fazendo-o trêmulo Pelo desejo,
Consegui sentir então teu corpo quente no meu.
Senti múltiplos orgasmos, que me fizeram delirar e tremer de prazer.
Ah como essas lembranças machucaram minha alma e meu coração.
Antes do fim da noite queria ter você comigo mesmo que distante.
Lembranças encharcadas de saudade em forma de gotas de álcool gel,
Molharam minha alma.
Minhas lágrimas molharam meu rosto e mesmo assim,
Eu quero você bem junto à mim!

10/04/2020.

Manhãs de Amor

As manhãs tem sido de amor antes do café,
Quisera acordar a seu lado todas as manhãs e te amar.
Quisera estar contigo na madrugada anunciando a aurora,
Eu recebendo seus carinhos e meu corpo retribuindo.
Ser tua companhia nas noites escuras e de luar,
Te beijando loucamente como se fosse o último dia de nossas vidas.
Te acordar nas manhãs com meu carinho, te deixando excitado e me desejando,
Fazer amor gostoso contigo com cheirinho de café na cama.
Mas, tudo isso é apenas uma fantasia gostosa de se querer.
Nossa realidade é fazer amor na saudade e na distância do tempo, que se vai.
E acordar sozinha e te ver na saudade, que atormenta minha alma,
E sentir o sabor de seus beijos sem tocar seus lábios.
E abraçar seu corpo desnudo caliente na solidão de minha cama,
E ter meu gozo quente molhando na ausência de seu corpo.
E ter vários orgasmos sentindo sua boca roçando a minha na imaginação,

E te ver , te pertencer, sem tocar você e fazer amor contigo!
Te amar nas manhãs de minha lembrança!
Te amar antes e depois do café!
Te amar na cama, na mesa , no chão!
Ter você comigo sempre em meu coração!

12/04/2020.

Namoro a distância

Namorar à distância é amar além de qualquer coisa.

É como confiar de olhos fechados.
Namorar à distância é a maior prova de amor que existe.

É amar sem tocar, sem ver, é amar independente das barreiras.

É você superar a dor de não poder beijar, abraçar e mimar.
Namorar à distância só te faz querer mais e mais a pessoa.

Namorar à distância é amar de verdade,

E ao se encontrar esquecer tudo e todos e viver intensamente cada segundo,

Pois, só quem já sentiu a dor da saudade sabe valorizar cada segundo.
Amar na distância é sucumbir-se na saudade a cada instante.
É ter ausente dos olhos aquele que vive em seu coração.
Amar à distância e te amar como te amo!
E te beijar na saudade e te abraçar mesmo na solidão!

13 de abril de 2020.

Amor ausente

Ausente de quem amo, sofro muito.
Existir um amor assim tão grande é difícil.
Te amar na ausência, Te encontrar na distância,
Te ver na saudade e te buscar na realidade, é só o que faço.
Saber que você está aí distante,
Te ver de mim tão longe.
Quero ter você comigo novamente.
Quero sentir teu corpo no meu, sentir teus beijos ardentes.
Sentir tão meu quanto sou tua,
Te amar na ausência, na presença, na distância.
Te encontrar em minha saudade, te amar em minha verdade.
Fazer amor Gostoso contigo,
Sentir teu cheiro, teu calor, teu gozo quente em minha flor de pistilo deligado.
Te amar hoje agora, amanhã eternamente e Sempre!

15/04/2020.

Alma triste

Minha alma hoje amanheceu cheia de tristeza e choro.
Não sei o que se passa, apenas sinto.
Sinto o tempo esvaindo, a saudade chegando.
Percebo a vida curta e o tempo ligeiro.
Então, choro sua falta e o coração lamenta a ausência de seus toques.
Pois, noites de solidão tomam conta de mim.
Enquanto isto, minha alma vagueia no silêncio em busca de ti.
Meus lábios balbuciam qualquer coisa sem nexo.
Meus olhos molhados te enxergam nas sombras da noite em algum lugar.
Neste momento de loucura te procuro e me acho agarrando e mordendo o travesseiro.
Só encontro a saudade ancorada em meu peito.
A solidão machuca e fere do princípio ao fim.
Distante de tudo meus pensamentos voam em sua direção.
As lembranças tomam forma e lugar dentro de mim.
O momento é de saudade, solidão e agonia.
O vazio deixado por ti é imenso como a cratera de Vrederfort.
A angústia me consome levando a pouca esperança contida.
Neste momento desperto deste êxtase triste e agonizante.
Percebo o dia venceu a noite.
A luz bloqueou as trevas.
E outro dia nasceu.

16/04/2020.

Flecha certeira

Hoje meu dia foi de visitas e passeio.
Depois de muitos elogios e atenção,
Chegou a noite.
Com a noite veio uma flecha sanguinária em minha alma,
Flecha essa, que perfurou meu coração alcançou o mais íntimo de mim.
Alcançou meus sentimentos e desferiu um golpe certeiro em minha alma.
Depois de tantas expectativas criadas chegou a vez da desilusão contigo.
Pois, quando se cria expectativas acima da realidade, o golpe é certeiro.
Sonhos frustrados, coração sangrando,
Olhos vermelhos de chorar, alma traspassada de tristeza.
Como desejei esta noite estar contigo, olhar pra ti e ver o brilho em seus olhos novamente.
Ver seu sorriso como antes, mas, não consigo alcançar seu coração, que vive ocupado com as
lembranças do passado.
Enquanto Você sofre por um amor moribundo aí distante,

Eu sofro por ti aqui também distante.
Juntando nossas decepções e nossos desamores,
Quem sabe salvaremos os cacos que sobraram de nos dois.
Mas, a saudade de seus beijos e suas carícias,
O cheiro de sua pele, seu gozo quente,
O calor de nossos corpos e nossos corações disparados pela adrenalina do prazer me confortam.
Assim, tudo isto me deixa forte o bastante para lutar novamente por seu amor.
Sabe te busquei em minha solidão,
Te desejei com toda minha alma,
Mas, quando te encontrei chegou essa flecha certeira.
Mas eu quero você
E vou lutar por ti mesmo sangrando!

18/04/2020.

Ontem

Ontem você esteve comigo mesmo estando aí distante.
Sua presença era real como a luz do dia,
Eu conseguia te ver em meio a turbilhão de pensamentos.
Era meu coração infeliz te buscando.
Sua presença apenas eu sentia.
Ontem foi engraçado eu ali imaginando você e sentindo seu perfume inebriante.
Eu poderia até tocar seu corpo,
Quanta saudade senti de ti.
Meus pensamentos me traem, sempre buscam suas lembranças, que quero esquecer.
Assim sofreria menos, mas sem querer te perder.
Que fazer se meu corpo deseja o teu, se minha boca quer a tua.
Sabe eu te busquei em minha saudade, minha alma correu de encontro a tua e na solidão se Perdeu.
Eu me perdi na distância que nos separa, a estrada longa cheia de curvas.
Mas um dia chegarei até você!

20/04/2020.

Estar contigo

Estar contigo ouvir tua voz,
Seus sussurros em meus ouvidos,
Me dizendo coisas sem nexo porém excitantes,
Me levando ao delírio e me fazendo estremecer de desejos.
Desejos ousados de carícias trocadas,
Beijos ardentes e gozos repetidos.
Sentir teu cheiro, teu gozo quente, teu corpo no meu.
Abraçar teu corpo e sentir tua respiração ofegante, teu coração descompassado,
Nossos corpos entrelaçados trêmulos pelo desejo.
Adrenalina nos fazendo delirar de prazer,
Assim nossos momentos eternizam numa poesia de amor.
Ah como eu queria ouvir você cantar uma canção de amor, enquanto eu deitada em seu peito me emocionava.
Queria gritar ao vento seu nome,
Me orgulhar em te pertencer.
Mas, o segredo necessário do momento me faz calar,
Me faz viajar no tempo e recordar de ti.
Suas palavras ficaram gritando em meus ouvidos.
Meus peitinhos ouriçados te fazem viajar na transparência azul de minhas vestes.
Quero ouvir suas frases ao vivo novamente,
E também sentir teu corpo!
Quero fazer gostoso amor contigo!
21/04/2020.

Reticências

Talvez eu escreva um poema de amor pra ti.
Talvez eu faça um ...
Um amor gostoso contigo,
Talvez eu tenha um ...
Um beijo quente ardente.
Talvez eu seja quente na ...
Mas, talvez você não goste de ...
Então, faríamos amor de outra forma.
Imagina fazer amor contigo em ...
Seria perfeito usar esses ...
Mas, ainda sim iria fazer amor contigo.
Seria como ir além, te levaria a ...
Quando terminássemos ficaria ...
Ah mas, você adora assim ...
Então me levaria para ...
Depois recomeçaríamos de onde ...
Meu bem quero você comigo para terminar tudo isto e ...
23/04/2020.

Diante de Ti

Diante de ti me sinto uma adolescente apaixonada,
Me sinto uma criança desprotegida querendo colo.
Me sinto uma mulher te desejando com todo meu amor,
Me sinto um vulcão em erupção derramando mel.
Diante de ti vejo o amor acontecer sem escalas ficando tremula de prazer,
Perdendo a voz, emocionando fácil,
Vendo o amor realizar um corpo e vencer a dor da saudade.
Diante de ti posso me sentir uma criança, uma jovem, uma mulher adulta madura.
Diante de ti vejo o que de mais belo existe em ti e em mim,
A verdade que traz consigo, a certeza de que não finge.
Diante de ti posso sentir um amanhecer melhor,
Posso dizer sou feliz por merecer seus carinhos.
Diante de ti eu sinto um desejo incontrolável de beijar te,
Já sinto saudades das horas que ainda ficarei sem lhe ver.
Também sinto vontade de fazer amor contigo mesmo à distância.
Diante de ti me sinto como um girassol que depende da energia de um astro Rei.
Posso dizer, conhecer você foi a melhor coisa que a vida me trouxe nos últimos anos!
24/04/2020.

Domingo

Neste domingo aconteceu algo diferente.
Amanheci em outras terras. Visitei outros corações, mas, acredite foi no seu colo,
Que desejei acordar.
Sentir você seu carinho, seus beijos, conhecer seus desejos secretos, fantasias ousadas,
Ah como eu queria realiza-las, talvez eu esteja errada pois, seria mentir se dissesse, que não sinto
ciúmes de suas fantasias.
Mas, é com você, que sonho meus domingos de sol ou nublados,
Ter seus beijos seu corpo no meu colado.
Ter seu corpo quente e seu beijo molhado, seu coração acelerado pela adrenalina do tesão.
Se tudo isso foi um sonho por anoitecer em terras distantes, confesso é em seu colo, que desejo
Anoitecer e amanhecer e amar por toda nossa existência.
Ter você comigo é um sonho real do qual não quero acordar!
Te quero comigo!
Te amar é tudo de bom!
27/abril/2020.

Engano, quem sabe?

Talvez eu tenha me enganado contigo,
Talvez você queria apenas uma companhia agradável,
Talvez eu tenha excedido em meus carinhos.
Mas se o fiz foi por que você permitiu ir tão longe,
Quisera ser o tempo pra estar contigo por toda sua existência.
Quisera ser o ar pra ser seu oxigênio,
Quisera ser a água fonte de vida pra saciar sua sede.
Quisera ser o essencial em tua vida.
Talvez seja um absurdo dizer isto, talvez exageros cometi,
Mas, Talvez eu tenha visto em ti uma parte de mim esquecida no tempo.
E quando lhe conheci foi como se essa parte tomasse novamente o seu lugar antes.
Conhecer você foi mágico, divino, porque não dizer foi obra do todo Poderoso.
Mas, se o tempo quer nos afastar por motivos mil,
Sinto você se afastando de mim assim, como a velocidade da luz.
Antes tudo perfeito, hoje posso sentir um talvez se a chegar a nós.
O que afasta as pessoas ñ é a distância, nem o tempo, mas o tanto faz.
Quando fazemos uma escolha temos que abrir mão de possibilidades.
Isto é muito importante e cabe em todas etapas desta vida.
Sentindo sua falta, seu cheiro, seu toque,

Que aos poucos se perde na imensidão deste vazio que sinto de ti.
Se pudesse voltava no tempo, te encontraria como antes,

Sorriso maroto, beijos ardentes, gozos quentes e frequentes.
Horas incríveis de amor intenso.
Hoje, acordei pensativa, será que tudo foi um engano?
Não posso te perder para o passado nem para as fantasias!

29/abril/2020.

Folhas de outono

No outono, quando as folhas voam em direção ao vento,
Sinto meu coração acelerado pelas lembranças.
As mesmas folhas esvoaçantes que cobrem o solo, as mesmas lembranças de ti.
Saudades e lágrimas se misturam e meu coração sofre.
Outono, onde as folhas voam para formar um tapete colorido pelos ares,
As mesmas lembranças povoam minha mente,

E minha alma reclama a solidão desde que você se foi.
Quisera ser o outono para levar essa saudade insana que me corrói a alma,
Quisera ser as folhas para ir voando até alcançar o céu e te beijar.
Quando, o outono se for talvez eu possa esquecer essa dor,
Talvez eu consiga olhar as árvores com suas roupagens novas e aceitar sua partida.
Outono, onde toda natureza se despe e minha alma também fica despida de você.
Quando, o outono terminar a primavera chegar,

Talvez meu coração saia desta melancolia, que o envolve.
Talvez eu possa olhar as folhas esvoaçantes,

E mandar minha saudade até você levando um beijo.

30/Abril/2020.

Meu bem!

Hoje amanheci cheia de saudades de você,

Sentindo seu cheiro como se estivesse a meu lado.

Recordei nossas horas de amores intensos e chorei.

Lembrei de seus beijos ardentes e carícias,

Pude sentir seus lábios roçando em meu pescoço e um arrepio percorrendo meu corpo,

Enquanto você violentava meus ouvidos.

Foram horas, em que desejei parar o relógio de areia do tempo,

E em nossas lembranças estarão perpetuadas, mas, o tempo não para.

Se pudesse voltar o tempo, certamente estaria te cobrindo de carinho e carícias novamente.

Despertei com um desejo incontrolável de ter você novamente comigo,

Transporia o tempo, o espaço se fosse possível para tê-lo novamente em meus abraços.

Queria sentir seus beijos, teu corpo e ser arfar de prazer,

Queria pertencer e estar presente em todos seus secretos desejos.

Sou feliz por ter te encontrado, obra do acaso ou destino talvez,

Mas, tudo que sei é que não quero te perder!

Hoje amanheci assim cheia de saudade de você e toda úmida!

30/abril 2020.

Namoro da ingênua infância!

Hoje saudosos dos tempos da infância,

Relembrou ela das missas a noitinha.

Quando, os meninos a piscar seus olhos brilhantes e as mocinhas respondendo com a sensual

Mordidinha nos lábios a jogar os cabelos. O romantismo andava à solta.

Ele com saudade dos tempos de escola,

Quando as meninas com suas saias plissadas subiam as escadas inúmeras vezes,

Para atiçar os olhares nada ingênuos dos meninos por baixo das escadas,

A verem suas calcinhas de renda na hora do recreio.

Estes, depois, disputavam quem realmente tinha visto a calcinha da Lu, que nessa época as usava,

Apostando entre si uma laranjinha na confirmação da cor por outro amiguinho.

Hora de recreio era o momento mágico dos meninos e meninas.

As meninas com seus cabelos de tranças discutiam entre si quem recebera mais olhares.

Os meninos olhavam e as meninas respondiam com sorriso amarelo

Por trás dos ombros das amigas.

Isto ficou na lembrança gostosa de nossas épocas!

Aquele romântico piscar de olhos na Igreja era fascinante,

Enquanto já era esperado o próximo domingo,

Pra ver os rapazes com suas camisas xadrez e calças pantalonas.

As mocinhas com o vestido no joelho e talvez uma flor no cabelo.

Foi delicioso este tempo de inocência, que embalava aqueles,

Que nunca chegaram sequer a ser um casal Mirim.

Hoje o romantismo ficou perdido na história,

Os casais se enamoram de um jeito diferente,

O piscar de olhos e a mordidinha nos lábios,

Foram trocados por redes sociais e encontros às escuras.

Hoje trocamos o tempo da inocência ingênua,

Pela indecência atual transmitida na TV por suas novelas e filmes com exposição e indução a

Sexualidades diversas.

03/maio/2020.

Dias infindos

Meu dia foi triste nublado, parecia coberto de cinzas.

As horas não passavam, os ponteiros do relógio pareciam quebrados, tudo estava errado.

Meu coração, este moleque teimoso sangrou por pouca coisa,

Não podia ter se entregado a tristeza como fez.

Foram as horas mais longas de minha vida, depois do velório de minha mãe, tudo por um amor que

Eu sequer pensei ser tão abrasador.

Quando nós entregamos totalmente de corpo, alma, coração a gente apanha por pouco.

Não queria ter me entristecido por tão pouco, talvez o carinho antes demonstrado não deixava eu

Perceber que somos humanos capazes de cometer erros.

Sabe, eu te busquei em minha vida toda, passei longos anos a espera de ti, quando finalmente te

Encontrei não quero perder-te.

Te quero comigo nos melhores momentos de minha vida.

Você conseguiu me fazer desabrochar a plenitude do amor no meu 53º aniversário.

Me fez mulher, plena, realizada, mesmo distante, esse amor acontece com magia e perfeição.

Quando a vida me trouxe você, ela esqueceu de me dizer, que eu correria o risco de perder te.

Ontem, senti isto na pele e sofri muito, não quero correr este risco.

Sabe meu bem eu sou assim com este meu jeito de adulta, mas, no íntimo sou uma garotinha, que

Derrete toda por ti e tu bem sabes.

Que saudade de você!

05/maio/2020.

Atrevido

Gosto do seu jeito atrevido,

Assim meio atirado.

Gosto mesmo quando estando seu corpo suado,

Quando fazemos amor até de madrugada.

Gosto que seja assim exibido,

Tirando toda a roupa e ficando totalmente pelado.

Gosto do barulho da cama.

Do seu suor perfumado.

Gosto dos seus sussurros ao meu ouvido,

Da sua boca molhada,

Gosto das subidas e descidas,

De me fazer bem amada.

Gosto de uma leve mordida na orelha,

De me deixar bem arrepiada,

Gosto que deslizes em meu corpo, em lambidas,

De me deixar extasiada e em brasa.

Gosto de quando diz coisas sem nexo,

Que me deixam excitada.

Gosto quando me olhas e pergunta,

Está toda molhada?

Eu meio tímida respondo, é meu bem, eu queria mesmo era estar a seu lado.

Sentir nossos corpos cheios de desejos e nosso amor assim todo molhado.

09/maio/2020.

Dias nublados

Amanheceu nublado e meu coração entristeceu.

Senti saudades de você,

Mesmo estando fisicamente distante, você se faz presente em minha vida.

Tenho seus olhos brilhantes a me olhar todas as manhãs, nosso encontro é como mágica.

Ter você antes do café, virtualmente, já virou rotina gostosa de viver,

Nossos corações disparando pelo desejo que envolve nossos corpos.

Em momentos de suaves delírios chegamos ao ápice do amor.

Então neste momento de pura magia eu recordo nosso último encontro.

Meus pensamentos se envolvem te tal forma que posso te sentir.

Nossos corpos unidos pelo desejo louco que incendeia, nossos beijos com o sabor da tesão,

Que toma conta de nós.

As horas pareciam voar, nosso tempo esvaindo como água pelas mãos.

Ah! Minha alma te busca nessa saudade insana,

Que sinto de ti e meu coração só quer este amor vindo de teu corpo.

Minha boca deseja seus lábios, minhas emoções afloram e em êxtase te chamo.

Mas, de repente, dou conta, que estou apenas a recordar você,

Então, meu corpo se entrega em meus lençóis e percebo, molhei.

Meu bem, meu corpo reclama sua falta preciso de ti como preciso respirar.

Ou você vem ou essa saudade me mata!

10/maio/2020.

Noite triste

Noite triste esta passada, vi seus olhos chorarem em silêncio.

Vi seu sorriso emudecer e sua voz baixinha ficou.

Me senti incapaz, pois, distante estava de mim, eu não pude fazer nada.

Me senti impotente por nada poder fazer pra lhe alegrar e mudar a pintura da tela.

Sabe, quando te vejo assim como vi, eu perco o chão, meu coração entristece e minha alma chora.

Quando você fica triste eu quase não suporto a dor que sufoca meu peito,

Gosto de ver você alegre sorridente.

Problemas sempre teremos, pois, essa vida é assim,

O que não podemos permitir é a tristeza morar conosco.

Gosto de ver seu sorriso maroto, seus olhinhos brilhando e suas brincadeiras sacanas.

Algumas taças de vinho talvez resolva o momento, mas,

Segundos depois a realidade bate novamente a porta.

Não se pode abater por algo menor, que sua vontade e sua capacidade de vencer.

Te amo muito pra te ver sofrendo assim. Um dia lhe disse que nunca havia amado,

Mas, aconteceu agora comigo.

Mesmo, que eu negue pra ti e pro mundo estarei mentindo. Pois meu coração já pertence a ti.

Quisera eu continuar na negativa do amor, mas,

Aconteceu algo maior em minha vida desde que lhe conheci.

Conheci você e contigo o amor nunca experimentado, o carinho nunca recebido,

Conhecer você foi maravilhoso, porque não dizer excepcional.

Pois contigo veio os melhores momentos de minha vida.

Também veio a esperança de poder lhe fazer feliz.

Sabe, tudo que eu queria nesse momento era tirar todo sofrimento,

Toda angústia, tristeza e solidão, que lhe invade.

Quisera eu fazer uma mágica em sua vida e lhe dar o mundo de presente, o mundo da felicidade,

Da paz, da prosperidade e da verdade, de que você é um ser humano fantástico!

Quero contigo estar nos seus momentos ruins e bons, alegres e tristes, quero estar contigo na cabana

Ou na cidade, na areia ou no tapete, o importante é que seja com aquele homem, que conheci, que

Me encantou desde o instante que lhe vi.

Te amo!

12/maio/2020.

Insegurança

Hoje quando me disse pra eu refrear meus sentimentos, assustei, perguntei por que?

A resposta foi surpreendente, me disse que se sente muito inseguro.

Fiquei um tanto decepcionada, mas, depois entendi.

Eu sou um tanto precipitada, porém, confesso, meus sentimentos são reais.

Talvez eu deva mesmo refrear meu coração com relação a este amor lindo que tenho por ti.

Mas ao mesmo tempo você me enche de esperanças, quando fala algo referindo ao futuro, tipo

Vamos ficar velhinhos e ainda sim adolescentes, fazendo amor gostoso.

Te ver todas as manhãs e noites, se transformou em magia e encanto, seus chocolates crocantes os

Desejos dos beijos.

Tudo, que refere a ti é muito importante pra mim, por você minha vida se transformou,

Minha história está sendo reescrita agora com as tintas do amor.

Por isso, quando ouço sua volta ao passado e seus olhos baixam,

Posso sentir sua voz embargada e sei que estás a sofrer mesmo tentando disfarçar.

Deus é testemunha do que sinto realmente por ti.

Diante de tudo, que temos vivido e como sabes é um amor verdadeiro, eu lhe digo .

Você é a estrada de fazer meu sonho acontecer.

É o perfume suave, que embriaga minha alma, a delicadeza das palavras em poesia.

É o livro gostoso de escrever onde tudo pode acontecer.

Você é a canção mais linda, que o poeta escreveu, canção esta que ouvimos noite a dentro.

Ter você é um sonho do qual não quero acordar, mas, se porventura não for pra sonharmos juntos,

Prefiro acordar logo pra não tornar-se um pesadelo.

Te amar é algo inexplicável, aconteceu, não foi planejado.

Quero estar contigo enquanto for possível, sem tornar esse sentimento apenas uma mania ou um

Vício, mas, sim um querer, uma necessidade do coração, um desejo da alma!

14/maio/2020.

Sonhei com você

Sonhei com você hoje e foi maravilhoso.

Quisera não despertar deste sonho real que vivi,

Exatamente 90 dias atrás,

Quando você entrou em meus caminhos e minha vida.

Foi divino encontrar você, passar horas maravilhosas,

Dormir e despertar a seu lado.

Sentir o calor de seu corpo e o sabor de teus beijos,

Deslizar suavemente minhas mãos em seu corpo e ouvir teu coração.

Fazer amor gostoso, sentir seu cheiro, provar seu sabor,

Sentir nossos corpos trêmulos ao final pelo desejo realizado.

Tudo isto, num tempo curto,

Mas o suficiente para deixar registrado para sempre em minhas lembranças.

Sonhar acordada virou rotina em minha vida.

Toda vez que lhe vejo e ouço tua voz é como se uma mágica acontecesse,

Renasce uma adolescente.

Sabe eu gosto de ouvir você, olhar em teus olhos e ver as verdades refletidas neles.

Toda vez que fala comigo sinto uma vontade enorme de beijar você.

Sinto vontade gritar ao vento palavras talvez sem sentidos a outros,

Mas, você certamente entenderia.

Queria poder lhe mostrar com atitudes, não com palavras, o quanto lhe quero.

Queria lhe mostrar o milagre que o amor é capaz de fazer,

E mostrar a grandeza do meu amor por ti e dos sonhos que tenho.

14-maio-2020.

Chovia

Era madrugada,

Quando o sono chegou de mansinho me roubando de meus pensamentos.

Chovia pela manhã, quando acordei pensando em ti.

Eu buscava em minhas lembranças os momentos gostosos que tivemos.

Recordei toda viagem, a lua de mel tardia e a despedida,

Era tudo uma mistura de sentimentos e emoções.

Tudo aconteceu tão rápido,

Que nos deixou assim meio desacreditados de tamanhas emoções.

Parece mentira, contando assim, ninguém acredita, mas,

Verdade seja dita, é fato o que vivemos.

Um sentimento lindo invadiu meu coração me tirando do marasmo da solidão me deixando, assim,

Extasiada com este amor.

A distância propriamente dita nos tira o toque, o beijo, que não podemos trocar,

Mas, o nosso carinho é tão intenso, que atravessamos essa barreira,

Nós entregamos mutuamente sem reservas.

Recordar nosso amor e nossos corpos molhados de suor e mel é algo inexplicável

E ao mesmo tempo fantástico.

Vivemos hoje na saudade, que nos machuca, porém,

Jamais na ausência da alma e da certeza do carinho e respeito e atração, que temos um pelo outro.

15/05/2020.

Mais um dia sem você

Hoje, meu dia está nublado, cheio de nuvens carregadas de saudades de você.

O sol não apareceu, e a lua ainda mostra um fino arco na imensidão do céu azul.

Meus pensamentos se perdem, enquanto separo as coisas pro café,

E fico imaginando você.

Lembro, que, enquanto na distância do tempo preparava o café

Você ainda tranquilamente dormia.

Podia ver seu corpo desnudo e seus cabelos despenteados,

Me vendo deitada a seu lado lhe fazendo carinhos.

Consigo ouvir seu coração batendo mais forte a cada carinho que lhe faço,

Então lhe digo baixinho, "acorde meu bem!"

Seu corpo remexe na cama e vejo seu membro enrijecido,

Então, minhas mãos deslizam suavemente pra lá enquanto lhe beijo languidamente.

Nesse momento mágico, em que despertamos para um novo dia, nosso amor acontece.

Nossas bocas se encontram, enquanto nossos corpos se entregam ao prazer.

Fazemos amor por longos minutos até nossos corpos se entregarem ao cansaço,

Os lençóis molhados por suores e fluídos misturados na cama.

Olhando em meus olhos você me diz, "vá se banhar", enquanto preparo um café, mas, enquanto na

Espuma perfumada da hidro meu corpo se hidratava,

Você entra e recomeçamos tudo de novo antes do café.

Então, sinto o cheiro gostoso do vapor do café, que enche a casa com seu aroma e dou conta,

Tudo isto está apenas em minha saudade, nas lembranças gostosas que tenho de ti.

É meu bem eu não sei até quando vou suportar essa saudade!

23/05/2010.

Vida sem vírgula

Durante 30 anos de minha vida tive uma vida sem pontuações, que pudessem significar uma pausa

Para um recomeço alegre ou feliz.

Minha vida era escrita em frases diretas do princípio ao fim.

Do despertar ao anoitecer uma única rotina, cuidar da casa, dos filhos, trabalhar.

Vivia de sonhos e desejos de um dia, num futuro distante poder viver minha própria vida.

O que era normal pra todos, era pra mim o objetivo mais difícil de conseguir,

Pois, não conseguia viver em paz, liberdade e felicidade.

Com o passar dos anos e muito sofrimento, consegui vencer aquela rotina prisioneira,

E por fim comprar uma vírgula.

Minha história seria iniciada a partir desta vírgula,

Uma nova mulher nasceria ali naquele 07 de março de 2020.

Uma nova mulher, com uma nova história, novas pontuações,

Desta vez escrita em cores quentes, não haveria mais apenas o frio preto e branco.

Todas as manhãs posso viver essa nova história e escrever dia a dia cada capítulo.

As letras hoje são bordadas com sorrisos, brincadeiras saudáveis, amor e carinhos sem limites.

O olhar diz tudo que o coração e o corpo desejam saber entre nós dois,

Não sendo necessária muitas palavras, pois cada simples gesto é entendido perfeitamente.

Depois deste 07 de março minha vida tomou um novo rumo,

Meu sorriso, antes inexistente, agora é contagiante.

As palavras de tristeza e solidão, agora são de amor, esperança e brincadeiras,

Os dias se tornaram curtos diante da beleza da vida de hoje.

Assim, já disse com exatidão o momento em que minha vida se transformou,

De um longo período de escrita em preto em branco ininterruptamente sem vida.

Agora, escrevendo com pausas, diversas vírgulas, suspiros, alegrias, sorrisos,

Felicidades, amor, carinhos, prazeres, etc...

Não havendo em mim nenhum remorso, porque eu comprei uma vírgula, uma ideia, um sonho.

25/05/2020.

Manhã de lembranças

Nesta gélida manhã, meu coração estava aquecido com nossas lembranças.
Saudades e lágrimas confundiam meu pensamento.
Sendo uma mistura de solidão com esperança, desejos e recordações.
Fechei meus olhos e consegui visualizar sua imagem, todo perfeito como és.
Vi seus olhos brilhando, seu sorriso maroto, seu óculos na ponta do nariz, enquanto olhava pra mim.
Visualizei em minhas lembranças, seu corpo seminu, então me coloquei a seu lado.
Toquei seus lábios com os meus,

Acariciei seus cabelos e deslizei suavemente minhas mãos em seu tórax.
Pude sentir sua respiração ofegante,

Enquanto tocava seu membro enrijecido.
Nesse instante extasiada com sua reação, me entreguei totalmente a você,

Sem reservas ou falsos pudores.
Recordei nossos últimos dias juntos, quantas vezes fizemos amor,

Até mesmo na hora da despedida, ainda que rápidos, nossos corpos se entregavam novamente.
Na viagem de volta, vim revivendo já em minha saudade os momentos que se eternizaram comigo.
Algum tempo depois ainda sinto teu cheiro, teu toque, teus beijos.

Quando percebo estou a sorrir feito adolescente apaixonada.
Bem assim mesmo.

27/05/2020.

Inesquecível

Foi uma noite maravilhosa regada com o melhor vinho, acompanhado de uma música romântica,
Que marcou nossas vidas.
Na mesa as taças dispostas, a tábua de frios onde nos servimos.

Os morangos regados de Chantilly para suavizar o álcool do vinho.
No chão nossas roupas, nossos corpos abraçados diziam,

Que a noite seria talvez a melhor de nossas vidas.
Um beijo ardente, um olhar apaixonado, dois corações batendo fora do ritmo.

Era nossa primeira vez.
A inocência de uma mulher com a experiência de um homem vivido.
O amor acontecia sem pressa e tempo para terminar.
Era noite dos namorados e o seu melhor presente era eu, me fazia sentir uma deusa em seus braços.
Tudo, que vivemos naquela noite ficará pra sempre em minha memória.
As palavras de carinho, as carícias ousadas, as juras eternas de amor sem fim.
Isto fez parte da noite de amor vivida, que não mais acontecerá.

Pois amor assim acontece apenas uma vez na vida.

01/06/2020.

Expectativa

Ansiosa, seria a palavra correta para me descrever nesta manhã de nevoeiro.
Tive uma noite de insônia e pude colocar meus pensamentos em ordem.
Fiquei imaginando sua viagem para cá, seu sorriso largo colocando suas bugigangas no carro,
Desde a churrasqueira, molinetes e carretilhas, além da barraca de acampar.
Pude notar seus olhos brilhando e seu sorriso de criança feliz.
Ah como queria estar aí contigo para partilhar desse momento contigo.
Então visualizei sua saída e as curvas a serem percorridas em todo trajeto.

A cada hora passada a distância entre nós diminuía.
Senti meu coração pulsando forte, seria por você estar a caminho?
Não, é porque sei, quando chegar me fará a mulher mais feliz e realizada do planeta.
Vou sentir novamente seus beijos ardentes, sua boca roçando meu pescoço me arrepiando toda.

Vou sentir seus carinhos e carícias ousadas.
Nossos corpos se entregarão ao prazer até sucumbir entre lençóis.

Posso até já sentir sua respiração ofegante em minha nuca,

Enquanto nosso amor acontece, serão horas infindáveis de carícias e prazeres.
Essas horas, que antecedem sua chegada,

Será para mim como o de uma criança à espera da mãe ao término do trabalho.
Quando eu ver você aproximar-se, acho que meu coração vai explodir de felicidade.
Sabe, você me faz sentir assim, uma menina adolescente,

Uma jovem sonhadora, uma mulher realizada e muito, muito feliz!

04/06/2020.

Manhã de nevoeiro

Hoje, entendi perfeitamente o que é uma despedida.
Depois de viver os melhores momentos de minha vida,

Dei conta que a felicidade existe e não precisa de muito para vivê-la.
Passei contigo os mais belos dias de minha existência,

Vivi momentos gostosos que serão eternizados em minha memória.
Desde a sua chegada meus dias se tornaram curtos,

Para viver todos os momentos desejados.

O tempo passou ligeiro e nem deu pra fazer o que havia em mente.

Faltaram as palavras, faltaram atitudes e houveram falhas.
Mas posso dizer com exatidão o que senti neste curto tempo contigo.
Foram momentos de amor, carinho, carícias e desejos, porque não dizer excepcionais.
Nosso amor aconteceu sem hora ou lugar, foi maravilhoso estar em seus braços e beijar seus lábios.
Tocar seu corpo e ver suas reações, olhar em seus olhos e perceber o quão envolventes são.
Fazer amor contigo é uma magia gostosa, que envolve sentimentos e emoções, sedução e ternura.
Ter você é um sonho erótico, ao mesmo tempo uma realidade palpável, que minhas mãos alcançam.
Te deixar ir hoje foi como desfazer de parte de'u própria.
Ver sua imagem desfazer na distância,

Me fizeram enxergar que o tempo já estava novamente nos separando.
Que a saudade de imediato viria abraçar meu corpo e voltar a sua antiga morada, minha alma.

11 de junho de 2020.

Distante de ti

Hoje, na distância que nos separa, sinto sua falta e meu coração reclama.
Depois de ter você comigo e viver essa segunda lua de mel,

Posso dizer que sou uma mulher realizada.
Quando estamos juntos as horas parecem voar e o tempo se torna curto,

Nossos corpos abraçados transpiram amor.
Os dias e as noites se tornam pouco para viver tanto amor e carinho, que nos envolve.
Enquanto vivemos este momento, esquecemos de tudo,

Nosso amor é um bálsamo, que alivia as cicatrizes e cura feridas.
As lembranças fragmentadas, que teimam em povoar nossas mentes adormecem,

E assim somos duas almas unidas.
Nossos corações sofridos e maltratados sentem medo de amar de novo,

Esse sentimento, que brota quase nos faz reféns.
Em meio a tantas indiferenças vividas,

Nos encontramos e de certa forma buscando viver algo diferente.
Mesmo lutando contra a distância e experiências passadas prosseguimos, quem sabe nossas almas
Juntas vencem este sentimento de medo, que se instalou em nossos corações.

13/06/2020.

Noites

Sabe, essa noite passada tive uma experiência um tanto estranha,
Entre a dor que oprimia meu peito e a saudade de você.
Foram horas de angústia naquele ambulatório, mas, também foram momentos reflexivos.
Pude constatar que mesmo no tempo curto de convivência contigo posso afirmar que te amo.
A dor que sufocava o peito, a alma, que triste lamentava tamanha ingratidão,
E no meio de tudo uma certeza.
Havia alguém preocupado comigo, tu, mesmo na distância estava aflito por notícias.
Durante este tempo ali entre a diastólica e a sistólica, eu recordava nossos momentos gostosos.
Nossos corpos nus abraçados, nossas bocas unidas e nossos desejos realizados.
Pude visualizar seu corpo desnudo e minhas mãos deslizando suavemente sobre ele,
Senti seus lábios procurando meus mamilos rígidos.
Alcancei seu tórax e mais um pouco senti seu membro enrijecido.
Nossos corações batiam fora do ritmo, pela adrenalina do momento.
Foram momentos reflexivos, que duraram poucos minutos, mas,
Fizeram enxergar o quanto quero viver e estar contigo.
Quero viver muitas outras horas de amor contigo,
Quero sentir seu cheiro, seu toque, quero ouvir seu coração.
Preciso de seus beijos e seus carinhos, seus olhos me dizem muito de você.
Sabe meu bem, eu preciso de seu amor muito mais que imaginava antes.
Te quero comigo!
14/06/2020.

O reencontro

Exatamente quinze dias atrás vi você chegar.
Era pouco mais de 13 horas, quando meu telefone chamou, tu dizias estar na rua errada.
Meu coração bateu acelerado, minhas pernas bambearam, era verdade estava realmente chegando.
Foram momentos que eternizarão em minha mente, desde o carregar das malas até finalmente a sós.
Nosso almoço foi incrível, pela primeira vez você experimentava meu tempero.
A tarde passou rápido, a noite chegou e nem percebemos, você estava cansado da longa viagem.
Mas, nada impediu de termos uma linda noite de amor.
Assim, se passaram três dias e estava nublado, como ir ao piquenique no rio?
Tudo se resolveu e tivemos uma tarde perfeita na beira do rio,
Foram horas de descontração e prazer.
A noite foi divina,
Depois de duas taças de vinho dançamos coladinhos ao som de sua lâmpada mágica.
Sendo mágico dançar contigo ouvindo uma canção romântica de Procol Harum,
Parecia feita na medida certa do nosso momento.
Nosso amor aconteceu por horas em todas formas e desejos.
Amanheceu e pouco havíamos dormido, saímos cedo em direção à beira do rio.
Os dias a seguir seriam de amor, sedução envolvidos pela luz da lua e o céu estrelado.
18/06/2020.

Luz tênue

Assim, sob a luz nosso amor aconteceu, foram momentos inesquecíveis.
Desde o início da noite ao término do dia seguinte, horas se passaram sem a gente perceber.
Tudo que nossos corações desejavam, nossos corpos realizavam.
Passar estes dias contigo, foi uma experiência maravilhosa de se viver hoje,
Já decorridos 30 anos de minha vida num casamento falido desde o início com alguém,
Que nunca me respeitou ou valorizou.
Quisera eu, que esse tempo parasse e nosso amor nunca acabasse,
Certamente eu seria a mulher mais feliz desta vida.
O nosso carinho e nossos desejos foram cumpridos com intensidade e muito prazer.
Conhecer cada parte de seu corpo e sentir suas vibrações não tem preço,
Fazer amor contigo, então, tornou-se algo novo, magnífico,
Contagiante dos dedos do pé até o último fio de cabelo e pelos pubianos.
Hoje, aqui relembrando seu cheiro, seu toque,
Senti seu perfume e uma doce fragrância me embriagando.
Pois, recordei seu corpo desnudo em suaves toques ao meu, atingindo o apogeu de nossos
Extasiantes momentos de sublime, doce e deslizante amor em variadas posições.
Cada carícia trocada, cada beijo molhado e nossas brincadeiras, que o tornavam 3 homens em 1 a
Me completar e ocupar todos os meus espaços carinhosamente e com lascívia.
E, por fim, ao final do dia, mais uma chegada ao topo da montanha, donde tudo se pode ver, desde
Os recantos longínquos até finalmente o lindo pôr do sol.
Ah se eu pudesse voltar o tempo e ter você comigo novamente.
Que saudade de você!
20/06/2020.

Sonho

Hoje, acordei assim triste, lembrei de você e a saudade aumentou.

Sonhei conosco fazendo amor gostoso, parecia real,

Mas a realidade era outra,

Você estava distante, havia dito na noite anterior que estava cansado e dormiria cedo.

Porém, isto não aconteceu,

Você brincou de fazer amor por vezes seguidas sozinho até o sono chegar através do cansaço.

Isto foi uma ducha fria em meu despertar,

Parecia, que meu mundo ia desabar naquele instante por você não contar comigo.

Me senti impotente, frustrada e de certa forma desiludida, por estar distante.

Mas, a razão me veio lembrar, que eu não posso nem devo cobrar nada

Em nossos dois mundos e nem na interseção de nossa intimidade.

Eu, trago você no meu coração, lhe tenho um amor inexplicável e inestimável,

Que não me dá o direito de julgar ou cobrar você.

Sabe, além de você ser meu amigo é também meu grande amor.

Mas, eu não escolhi amar você, nem queria,

Havia prometido a mim mesma nunca conhecer o amor,

Pois, não acreditava existir esse sublime verbo, tão usado sem fundamento.

Mas, bastou lhe conhecer,

Para esse bichinho danado atacar meu coração

E num estouro crescer como uma pipoca em flor.

Quando lhe vi pela primeira vez foi como se eu atravessasse deste mundo

Para outro planeta chamado Vênus.

Meus olhos choraram de emoção, meu coração bateu forte,

Meus pensamentos formularam repentinamente uma história de amor com final feliz.

Pena, que o final dessa história real não sou eu a contar

E sim Deus, o criador dos sonhos e dos mundos,

Que criará os espaços e as histórias entre vírgulas e o derradeiro ponto final,

Na eternidade ou não.

28/06/2020.

Alma de mulher

Esperançosa, assim chega a mulher, tentando ultrapassar as barreiras do falso pudor.

Ela chega com autoridade, falando do amor sentido, da paixão desejada.

Fala da saudade, que amargura sua alma, mesmo sem ela saber de onde vem.

Essa mulher menina, romântica, sonhadora, despojada,

Essa mulher ousada carinhosa com os pés no chão,

Cabeça na imaginação a divagar por desejos a realizar.

Ela alça voo no mais alto de seus sonhos,

Ela deseja ardentemente viver um grande amor,

Coisa, que seu coração desconhecia até pouco tempo.

Essa mulher vive hoje sua lubrificada puberdade tardia aos 54 anos,

Uma adolescente, que sonha ser feliz,

Vivendo hoje essa menina de 12/15 anos

No auge de seus secretos sonhos e desejos de amor real, possível em sua imaginação.

Ela não tem falso pudor e nem teme críticas, ela apenas quer mostrar ao mundo,

Que é possível viver a adolescência, pois, a vive e sente a ponto de molhar-se

Ao ouvir uma voz aos seus plenos 54 anos.

Essa mulher menina ou menina mulher, quer quase nada desta vida.

Querendo apenas ser ela própria a comandar seus sonhos e desejos,

Voar alto em direção a seus projetos,

Sem, contudo, saber que o pouso seguro é no dolorido chão onde seus pés estão firmes, mas,

A mente podendo voar, como um PEGASUS, inatingível em seu voo.

Essa mulher guerreira, lutadora, romântica, carinhosa, que deseja tão somente ser feliz no pouco

Tempo que lhe resta, pois, melhor um pouco de vida vivida, plenamente com amor de verdade,

Sentido, dolorido e ao mesmo tempo doce, do que uma vã vida, sem descobrir ou sentir os

Verdadeiros toques e carinhos de uma alma doadora, divergente e ao mesmo convergente e

Complementar a ti mulher.

30/06/2020.

Melancolia

Horas amargas de tristeza e solidão, dias sem noites dores e murmúrios,

Lamentos e lágrimas, tudo junto, desfazendo a obra prima criada.

Feito criança, ela chora sua dor, sabendo que não tem outro jeito,

Deixa um suspiro embalar sua alma, rola duas lágrimas em sua face.

Menina, mulher, bela, sedutora, olhar de brejeira, matuta, gentil,

Corpo esguio, cabelos ao vento, olhar distante, confusa pensativa.

Alma triste, sedenta de amor, coração aflito, peito em dor,

Solidão e amargura a define, seu nome escrito em sangue.

Noites frias ela ao relento, deixa escapar de sua alma,

Um grande e sentido, um lamento, suspira, chora, nada a consola.

Muda seu mundo sua história, seu passado vem a tona,

Rouba o sorriso, mostra a dor, lhe entrega apenas melancolia.

30/06/2020.

A MAIS BELA ESCRITA

De toda literatura, a mais bela é você, a página mais intima que o poeta escreveu foi você.

A beleza da natureza do mais belo jardim não se compara a sua,

A vida é cheia de surpresas e enfeitou o mundo com a sua presença, real, bela e sedutora.

De tudo, que tenho na vida a maior riqueza é você,

A joia mais rara de maior valor, a beleza da lua e o esplendor do sol não chegam a seus pés.

Seus olhos são como esmeraldas a brilharem enfeitando seu rosto

E sua boca tem o sabor do pêssego maduro, suculento e doce.

Seu beijo é como um néctar dos anjos, que Deus distribuiu a poucos,

Assim é você, uma magia, um mistério, um segredo, um amor,

Que nasceu do nada, e nunca morrerá,

Pois, o tempo jamais apaga das páginas, ainda, que mal escritas de um livro,

Um poema de amor de um escritor apaixonado.

01/07/2020.

DEPOIMENTOS DE ALGUNS LEITORES

Américo Gonçalves

"Brilhante poesia começada a partir de uma simples virgula! Parabéns amiga poetisa pelo momento mágico de linda poesia que nos deixa. Fica uma certa magia no ar e uma interrogação: Que terá mudado naquele março? Um dia o dirá em sussurro para que nós o saibamos... Abraços de felicitações pela beleza de poesia que nos deixa."

Iran Maceno Dos Santos

"Que poema maravilhoso! Meu Deus! Poetisa você é demais! Li e reli e me encanto mais! Este poema é entorpecedor! Bravo!"

Aparecida Michetti

"Belíssimo ver você falar dos desencontros dos momentos em que tua alma clama por desejos, as saudades se misturam e assim conseguimos colocar nossos sentimentos independente se o outro irá entender, importante que não tenhamos medo de nos jogarmos quando nosso corpo fala por nós. Vejo ternura e coragem andando juntas em tuas poesias, isto faz delas música aos meus ouvidos. Viva toda expressão de amor!
Minha alma enche de alegria ao saber que na tua poesia existe esperança e desejo em cada palavra, você escreve com a alma e nos passa verdade em cada frase descrita com tamanha sensibilidade."

Helena Nunes

"Luzia Couto sou grata por ter a oportunidade de conhecer uma pessoa com tamanha sensibilidade saiba que estou encantada! Em cada poema que leio cresce minha admiração por você."

Neuma Gadelha

"E intenso! Que lindo você escreve seus poemas com o coração, vem de dentro de sua alma."

Ivanete de Almeida Silva

"Belíssimo poema! Você e seus poemas são pura energia! São pura magia!"

V.V.

"Amiga que profundo esse misto de esperança e dor, amo seus trabalhos, sua visão romântica é tão atualizada conectada com a realidade. Parabéns pela emoção que seu poema passa. E divino, está preso na alma e liberado em poesias. Profundo, maravilhosamente belo é o amor que descreve."

Ana Maria Sodré Couto

"Que lindo! Como descreve situações e sentimentos com tanta realidade, parabéns! Isto é intenso verdadeiro.

Valeria Pierucci Calil

"Acho que muita gente gostaria de viver uma história assim, eu já vivi, e não tem preço este momento."

Marinete de S Batista

"Que lindo poema como sempre você descreve o amor em mil faces sem mistérios e ao mesmo tempo uma magia que encanta."

Marcia L. Aquino

"Maravilhoso poema como sempre! Quantas pessoas vivem assim em dois mundos diferentes e ao mesmo tempo um amor distante, lindo poema parabéns. Quando você escreve retrata cada uma de nós mulheres, seres humanos.

49

Rolling with Alphas, GenZ and Millennials

Nindiya Saket

Contents

4   Contents

Preface

Welcome to the rollercoaster ride called parenting! This book is not your typical know-how guide because, let's face it, parenting doesn't come with a manual. Instead, it's a collection of anecdotes, understandings, and hands-on wisdom congregated from the trenches of parenthood.

Trust me, all anecdotes mentioned are inspired from true incidents and are genuine, real, and true, but not all of them are my own experiences. Some of them have been shared with me by other educators as well. This book is also a compilation of tales and memoirs, along with the efforts of the educators, providing a few tips on raising the playful lot with loads of patience and strategies.

My experience as an educator in various schools is reflected in these pages. You will find practical advice, heartfelt anecdotes, and a healthy dose of humour because, let's face it, laughter can sometimes be the best way to survive the chaos of parenthood. Whether you're a first-time parent navigating sleepless nights or a seasoned pro trying to decode the latest tween trend, my goal is to provide you with support and inspiration.

As a parent myself, I understand the highs and lows, the joys and challenges that come with raising children. My aim here is not to provide all the answers (because who has them?), but to offer you a friend on this unpredictable journey, sharing with you the strategies that helped me navigate the situations. Whether you're piloting innocent toddlers or preparing for the pre-teenage years, I hope you find comfort, laughter, and maybe even a few lightbulb moments in these pages. Though the book starts with lighter notes, it eventually becomes intense. This book is not just about the parents but also about the educators and students as it is a chronicle of genuine narratives with diverse strategies to handle them.

Take a deep breath, embrace the moments, and remember that you're not alone in this adventure. Here's to celebrating the joys and triumphs, big and small, that make parenthood one of life's greatest adventures.

So, buckle up, grab a coffee (or your preferred or favourite beverage), and let's board together on this messy yet beautiful adventure called parenting.

Foreword

Parenting and Principalship are two roles that require similar patience, leadership, and heart. In this book, I have seamlessly woven together my experiences in both realms to offer an exceptional perspective on fostering children and guiding educational societies.

When I first became a parent, I quickly realised that nothing could have prepared me for the wild and delightful journey ahead. Parenthood isn't just about raising children; it's also about realising new depths of love, endurance, and resilience within ourselves. As a parent, I understand the joys and challenges of raising children in today's world.

Through my storytelling, I have tried to bring in a refreshing blend of humour, compassion, and practical understanding, making this book not just a chaperone, but the deepest tête-à-tête between associated parents and educators.

Through this book, I take this opportunity to invite you into a world where child-raising is seen through a lens of hilarity, empathy, and pragmatism. Through my own experiences and memoirs and those of others, this book offers insights that are as heartening as they are enlightening.

Whether you're navigating the encounters of technological challenges, handling the intricacies of reaching school routines on time, simply trying to keep up with the endless challenges of games and sports, or managing your own emotions, this book will be your cohort and chaperone. It's a testament to the fact that, despite the chaos and unpredictability, there's immense joy to be found in every stage of parenting.

Simultaneously, as a principal with 27 years of experience in education, I have piloted the complications of educational leadership—navigating expectations, nurturing collaborations, and inspiring students, parents, and faculty. This two-fold perspective enriches the guidance shared here, trying to bridge the gap between parents and educators.

This book also helps you understand strategies to handle difficult conversations with your teenagers and insights into creating a positive school culture. It offers practical advice and heartfelt anecdotes that resonate with your experiences. It's evidence of the idea that effective parenting and principled leadership are not just types, but thoughtful expeditions of progress and encountered experiences.

So, harness yourself as you embark on this journey through the pages ahead. I hope that you may understand the perspectives of educators, find answers to your questions, and have a renewed sense of empathy towards the efforts of parents, children, and educators. It is essential to remember that no two situations are alike, and that's completely okay.

Chapter - 1

Lizard Friends to New Journey

As I entered the school premises, a smile spread across my face. The bright sun bathed everything in warm light, and I inhaled deeply, savouring the crisp, fresh air. Winter was slowly settling in, and a cool breeze danced around me, sending a delightful shiver through my body. The blend of warmth and chill invigorated me, signalling the start of a new day filled with possibilities. Students chatted and laughed, their excitement matching my own as we gathered for another day of learning and adventure in a school that was beaming with positive energy.

"Ma'am, do you have a workshop today?" asked Harsha. I looked up with a grin and replied, "How could I forget? I need to teach everyone about professional clothing. Last time, I asked them to wear formal western attire, and everyone showed up in jeans and T-shirts." Harsha giggled, "How could I forget your enflamed expression? You were fuming with annoyance. I'll always remember how you resounded, saying loudly that they all needed a workshop on Enclothed Cognition."

I walked into my room; a small cabin illuminated by sunlight streaming through the east-facing windows. The bright, airy space always felt alive with energy, reflecting my own enthusiasm. Despite its modest size, the room's natural light made it feel larger and more inviting. My two little roommates, Champa and Chameli—tiny, cute lizards—scurried playfully from one corner of the wall to the other. I had grown fond of their presence over time, considering them my harmless and friendly neighbours.

Just as I settled in, a charming little girl entered the room, her face lit up with a wide, beaming smile. She was eager to greet me, her eyes full of excitement. But the moment she noticed Champa and Chameli darting across the wall, her expression shifted instantly. She froze in place, eyes wide with fear. I understood immediately—there are many who find these harmless creatures terrifying.

I smiled reassuringly, knowing this reaction all too well. While lizards often invoke fear in others, to me, they had become part of my space's character, a quirky yet comforting presence in my small cabin. Gently, I reassured her that Champa and Chameli were nothing to be afraid of, just small creatures sharing the room, much like friendly neighbours passing by.

"Are you scared of the lizards?" I asked the little girl who was a student in class seven.

"Yes... Very," she replied, completely petrified.

"Do you have pets at home?" I asked her again.

"Yes, ma'am, I have a dog," she replied.

"Are your friends scared of your dog?" I asked, smiling at her frozen face as I shooed one of the lizards away when it tried to come down.

"No, ma'am, they know it's my pet," she replied, keeping her eyes fixed on both lizards.

"Well, these are my pets—*Champa and Chameli*—and I also love them. They do not harm humans; they only eat small insects. You don't have to be afraid of them," I said, smiling.

I saw the girl relax, her face softening into a hesitant smile as she glanced at my lizard companions, still a bit sceptical but no longer frightened. My job was done.

Just then, Harsha entered the room, asking, "Are you ready with your PowerPoint presentation, or do you need any assistance?"

"Yes, Harsha, I'm all set for the workshop, but I'll need your help setting up my laptop once the AV room is available," I replied, noticing her attention drifting elsewhere.

Before I could finish, Ms. Verma walked in, and Harsha quickly excused herself, hurrying back to the Synergy room to finish correcting notebooks.

The Synergy room was right across from mine, where teachers gathered during their free periods, checking notebooks, planning lessons, and engaging in lively discussions.

Ms. Verma, our vibrant and vivacious head of the school, always amazed me with her seemingly mystical powers. She had a knack for patrolling the school corridors, and by the time I reached her side, she would vanish as if she had a secret *Mr. India* watch that made her invisible whenever she wished. Full of energy and dynamism, Ms. Verma always appeared when least expected, keeping the entire staff on their toes.

"Are you taking the workshop today?" Ms. Verma's cheerful voice pulled me from my thoughts. I looked up to see her smiling face, her pink suit adding a splash of colour to her radiant demeanour. I couldn't help but admire her glowing presence.

"Yes, ma'am," I said with a smile. "The teachers really need this workshop."

Ms. Verma gave a firm yet thoughtful nod. "Make it short, though. I need the team to discuss the farewell plans," she said. She was always so involved, taking pleasure in interacting with the faculty. What stood out most was her genuine appreciation for the teacher's opinions. Every event she oversaw was organised with meticulous planning and deliberation, ensuring everyone's voice was heard.

"Yes, ma'am," I responded a bit sheepishly as she left the room. As usual, her words carried both authority and gentle encouragement that made us want to do our best.

My enthusiasm and dedication had earned me a special place in Ms. Verma's heart. Though she never expressed it directly, it was evident in the important assignments she trusted me with. Other educators often mentioned that Ms. Verma spoke highly of me behind my back and held me in high regard. While she never openly acknowledged this to me, I could always sense her quiet appreciation and the confidence she had in my abilities.

"How was your workshop yesterday? I heard the teachers really enjoyed it!" exclaimed Priya, who headed the Primary School. Priya was a tall, fair, average-framed woman full of fervour and enthusiasm.

"Yeah! It went well. In fact, I even gave them some store names for shopping!" I grinned.

"I'm sure their husbands will soon come after you for your extra shopping tips. It's going to strain their budgets," Priya laughed.

"Let's see. I'm going to share a few more tips tomorrow; that should give them a clearer idea of what is expected," I replied with a grin.

We both chuckled before quickly heading to our respective floors as the noise of students echoed through the hallways. We were well aware of how much Ms. Verma detested disorderliness in the corridors, and we could sense she was making her regular rounds, ready to restore order.

The next morning, while I was in the corridor peeking into classrooms to ensure everything was going smoothly, Harsha came to me with a smile and said, "Ma'am, Anandan sir is saying that you are looking like a bus conductor today." The giggle in her voice was so infectious that I couldn't help but laugh too.

I looked at myself and said, "Anandan is so annoying. He must be teasing me because I'm wearing a waistcoat."

"No, ma'am, it's because you're wearing this sling bag," she said, touching my brown leather sling bag that I wore across my shoulder with my mobile and pens in it. My daughter had gifted it to me on my last birthday, and it happened to be one of my favourite bags.

"Oh, this!" we both chuckled. I could see Ms. Verma rushing towards us. Harsha blushed and quickly left for the Synergy room.

"Ms. Saket, you're being transferred to another branch," Ms. Verma announced.

"Why, ma'am?" I asked, astonished, glancing at her unhappy expression. I couldn't fathom why this was happening today, all of a sudden.

"Congratulations! You have been promoted and transferred to the other branch. You need to leave immediately. Your task is to uplift the school and address all its requirements. I have complete faith in you. Just remember, do not let me down," she said, her voice filled with both expectation and concern.

Ms. Verma was never one to show emotion, but today was different. I could see her overwhelming feelings bubbling beneath her composed exterior. She was like a coconut—hard on the outside but exceptionally soft inside. While she rarely expressed her emotions, her fondness for me was unmistakably evident.

"Now? Why, ma'am? Why today?" I asked, my voice trembling as I struggled to hold back my tears.

"You have to go today," she replied, sadness tinging her voice.

"But, ma'am, I'm not dressed properly. I mean... I'm not in a saree!" and we both burst out in laughter.

"Then go home, change, and report to the director at the other branch today," she instructed firmly.

I was left utterly speechless. This sudden decision and the thought of parting with Ms. Verma felt overwhelming. The prospect of moving to a new school and leaving behind someone who had guided me so closely was too much for me to process.

My residence was not very far from my school; it was on the way to the other branch. I quickly drove home, calling my husband to share the news. He was undeniably delighted and pleased to hear the update.

I changed into one of my favourite sarees, a silky turquoise blue crepe that added a vibrant touch to my appearance. As I drove to the new branch to meet the director, I felt a wave of mixed emotions wash over me. The news was overwhelming. I was undeniably excited about the new opportunities ahead, but there was also a bittersweet feeling settling in. The thought of no longer being with my team or seeing Ms. Verma regularly tugged at my heart. Change was inevitable, but it also meant leaving behind familiar comforts and cherished moments.

As I reached the school, I quickly parked my sedan outside the building. I entered the reception area with a bag of emotions when suddenly a smiling face greeted me. She was Aman, a pretty-looking girl with a smiling face and beautiful, glowing wide eyes. She became one of my favourites after I joined the school.

"Ma'am, you have come to meet the director, I have been told," she said, inquiring. I really liked her vibes.

"Yes," I replied, and I was immediately directed to the director's room.

The director was a young, tall, fair, and good-looking man sitting behind a long desk. His pink-striped shirt and blue trousers added to his welcoming personality. He received me with a warm smile. As he gestured for me to take a seat opposite him, he rang the bell and called for the administrative officer.

"May I come in, sir?" asked the AO, who was a wheatish-complexioned, medium-statured man and had a smiling face.

"Mr. Akash, please take ma'am for a school round after my meeting. She is joining us here and will be regular from tomorrow."

"Sure, sir, and welcome, ma'am," Akash said, again with a smile on his face.

I was taken for a tour of the school after I finished my meeting with the director. The infrastructure was beautiful; however, I could see that certain corrections were needed on the display boards as I had an eye for perfection.

My second inning as the head of a school began.

You might be wondering why I refer to this as my second inning. My first role in education was as the principal of a playschool, a position I held for six years. Then, I moved to Dubai with my husband, where I continued my journey as a principal in an international school. Upon returning to India, I intentionally chose to work as a teacher to better understand the relationship between educators and students in a classroom setting. Those few years were truly some of the most enriching of my life. My students adored me, their parents admired my dedication, and the management placed their full trust in me. I forged friendships that have lasted a lifetime during that time.

However, my professional life soon took another turn as I transitioned to a different school. After several years of teaching, I returned to an administrative role, armed with valuable insights and experiences that helped me navigate the complexities of working with children, students, and educators. Each passing year has only deepened my understanding of this dynamic field, enriching both my personal and professional growth.

My personal relation with the parent community has always been very engaging and fulfilling. I have observed that while most parents are vibrant, passionate, and deeply invested in their children's development, a few may lag behind in adjusting to their children's evolving needs. These parents often require additional support and encouragement to stay aligned with the shifting demands of modern parenting, ensuring they effectively nurture their children in an ever-changing world. I encountered parents who were very affectionate towards their children but had very high and sometimes unrealistic expectations from them. They were concerned but also over-possessive and ambitious. Some belonged to the 'I know it all' category. In fact, I came across a parent who left me wondering for quite some time. She told me that she was a certified parent. I had heard of certified parenting coaches, but she insisted that she was a 'Certified Parent' and not a coach.

Who was issuing these certificates? I have often wondered.

Growing up, my generation was raised to believe that teachers are 'gurus'—figures of immense respect and authority. But as I observed, times were changing. The expectations placed on the teaching community and educational institutions had not only grown increasingly demanding but sometimes even bordered on unrealistic expectations. The responsibility, once shared between students, parents, and teachers, was now shifting primarily onto teachers.

Beyond academics, teachers were increasingly expected to adopt parenting roles, responsible not only for academic performance but also for areas traditionally under parental guidance, such as instilling values and life skills. When I was a student, if a teacher raised concerns about my performance, I was held accountable and reprimanded. However, today, there is a paradigm shift. If a child underperforms, it is often the teacher who faces reprimand, sometimes even in front of the student.

This change in dynamics has profound consequences. Parents may not realise that when they hold teachers solely accountable for their child's success, especially in front of the child, the child's respect for the teacher diminishes. The student may come to believe that it is the teacher's job to secure good grades for them, rather than their own responsibility to work hard.

In my childhood, my teacher's opinion was the final word. My parents never questioned it, nor did they entertain alternative versions. Today, however, most parents find it difficult to accept feedback that doesn't align with their own views. Students are also aware of this shift; they often tell teachers that if they are spoken to harshly, their parents won't tolerate it. I've even witnessed parents stating that if a teacher can scold their child, they have the right to scold the teacher as well.

I recognise that change is inevitable, and we must adapt to the times. However, I strongly advise parents that, in the best interest of their children, the fine line of respect for teachers should never be crossed. This respect is vital for the student-teacher relationship and the overall learning environment.

As educators, there are valuable lessons to be learned about leadership, adaptability, and professional growth. Maintaining standards through clear instructions and feedback is crucial. Encouraging professional development through workshops and promoting appropriate behaviour and attire fosters a culture of growth.

Moreover, we must balance empathy with professionalism, understanding the unique needs of today's parents and students. By addressing students' fears with compassion and creating supportive environments, we can contribute to their holistic development while maintaining professional boundaries.

HA
HA
HA

Chapter - 2

Uniforms Optional - Humour Mandatory

My journey in the school had begun, and one cloudy day, while the sky was a bit dark, we could still feel the warmth of the sun breaking through, casting cheerful rays over the campus. The atmosphere buzzed with activity as teachers, dressed in their best formal attire, prepared for the day ahead. We had just concluded a meeting focused on ensuring that classrooms were ready and coaching the staff on how to effectively handle parent's queries. I wore a sea-green chiffon saree adorned with exquisite Kashmiri work in pink thread, and my enthusiasm was at its peak because today marked our first 'Parent-Educator Conference,' a more sophisticated term for the traditional parent-teacher meeting (PTM).

Reflecting on my childhood, I recalled how I used to dread these PTMs. A single complaint from a parent could completely alter the course of my week. It's heartening to see that teachers today have become more receptive and solution-oriented, always ready to offer a supportive hand. However, not every teacher embodies this approach. I urge those who struggle to understand their student's challenges to practice empathy and consider the situation from their student's perspectives.

Similarly, parents must understand the workload and challenges that teachers face and show a bit of leniency. Building a collaborative relationship between teachers and parents is essential for fostering an environment where children can thrive. Together, we can create a more supportive educational experience for everyone involved.

As the Parent-Educator Conference was about to commence, I was temporarily assigned a room on the first floor because my office was under renovation. Parents began arriving, some enthusiastic and others seemingly anxious to meet the new head. I was equally ready and excited to face the curious, and sometimes critical, gazes of the parents, eager to engage in meaningful conversations and address their concerns.

Glancing through the side glass of my closed door, I noticed an unusually long queue of parents waiting to meet me. Some had genuine concerns, while others were simply curious to see the new head of the school—a natural instinct for many. As I opened the door, I welcomed a gentleman who stepped inside with his daughter. He was tall and casually dressed in a blue shirt and denim jeans. His daughter, a charming little girl, wore a white frilly top paired with a red skirt and adorable white kitty shoes.

I couldn't help but wonder why she wasn't in her school uniform. It dawned on me that perhaps the teachers hadn't informed the parents about the uniform policy for the Parent-Educator Conference. I made a mental note to address this during our discussions to ensure everyone was on the same page moving forward.

"Why are you not wearing the uniform on "Parent-Educator Conferences (PEC)?" I gently asked the child. My question seemed to go unnoticed as both the father and daughter ignored it.

"So, you are the new head," the father remarked, leaving me uncertain whether it was an inquiry, a declaration, or an accusation.

"Yes, I am. How do you do, sir?" I replied, striving to maintain a welcoming demeanour while assessing his tone and intent in the conversation.

"I'm fine. Could you please elaborate on your experience and qualifications?" he asked, bypassing any formal introduction of himself. It seemed he wanted quick answers—immediate gratification, I mused.

"Well, I have a total of 12 years of experience as an academician, with 19 years as a principal," I replied, trying to maintain a professional demeanour.

"Okay. What new things do you plan to introduce?" he continued, his voice firm and unyielding.

I smiled, "Sir, I need a few more days to gauge and understand the dynamics here before implementing any changes, but you will certainly see positive developments in the school culture."

He appeared satisfied and offered a smile. "This is my daughter. Please note her name in your diary and ensure she is well looked after. She is an exceptionally sensitive child," he demanded, his tone bordering on authoritative.

"Why, sir? Has something happened to your daughter?" I asked, concern creeping into my voice.

"Dare anyone touch my daughter? But as I said, she is extremely dear to me. Please ensure the teachers treat her well," he stated, his tone far from a request.

"Yes, sir," I replied with a restrained smile. As he left with his child, I couldn't help but wonder if he was truly pleased with our interaction. Although I often advise against seeking validation, controlling such emotions can be challenging.

Suddenly, Prerna, one of my teachers, entered and said, "Ma'am, there's a father in a black shirt outside, and he's telling everyone, 'I know what kind of person she is, I have checked about her history on the internet, she seems to be very "domineering"'.

I smiled at her and said, "Don't worry; he'll be surprised to find out he doesn't know anything about me."

By this time, I had relaxed. Known for being fun-loving and patient, I have a compulsive urge to laugh and crack jokes, even at my own expense. I asked Prerna to send the parent in.

As the parent entered, I looked at him with a smirk. He was short, bald, with an oversized belly and a dark complexion, and he wore no smile.

"I believe you know me, sir. I heard you say outside that you know what kind of person I am, but let me assure you I am not bossy at all. In fact, I am very receptive to concerns. It is important for me to spread the ripples of laughter and ensure that happiness becomes the priority of my school." He was completely taken aback, and my humorous side had taken over.

"I am sure you remember the famous Bollywood song *What Kind of Thing I Am*," and as I sang the popular Bollywood song, he was left completely startled. He looked at me with wide-open eyes. I couldn't stop myself from laughing out loud. Finally, he too joined in my humour, and the PEC broke the ice between the parents and me.

To this day, I share a strong bond with parents. I believe their concerns for their children should be taken positively. Instead of mocking or criticising them, we must understand that they love their children unconditionally and want the best for them.

However, parents must also understand that condemning the school or teachers or speaking bitterly with teachers in front of the children will obstruct their learning. Children worship their parents, and when they sense their parent's dissatisfaction with the teacher or school, they lose interest in their studies. This only harms their learning. Children learn best when they trust their teachers and schools. Parents and schools are facilitators, both wanting the best for the children.

I often tell parents that if they have concerns, they should discuss them with us. We will deliberate, discuss, and come to a conclusion. Either they will get convinced, or we will be influenced, but discussing issues with the right people at the right time is necessary. If we have a stomach ache, we go to a doctor, but if we go to an engineer for a diagnosis, we will land ourselves in trouble. Moreover, I strongly believe that communication is the best solution to any problem. We should not wait for the session to end to discuss our concerns. They must be addressed immediately; otherwise, the cavity will broaden, and the destruction will be greater.

We all know that with problems also come solutions, and there is a solution to every problem. We need to trust each other. As schools, it is our duty to take the concerns of the parents seriously. If at any point we feel that the concerns are unjustified, we can always talk it out and explain to the parents. As I said before, you convince me, or you get convinced.

Educators should be willing to meet the parents, listen to their concerns, and engage in open dialogue, which is crucial. This openness fosters trust and creates a supportive school environment.

I have always maintained that addressing concerns immediately, rather than letting them fester, helps avert misinterpretations and larger concerns. We must recognise that parent's apprehensions come from a space of love and aspiration and are for the best of their children, which helps in addressing their worries constructively.

There is a necessity for reciprocated admiration and respect between parents and teachers. None of them can work in isolation, and when they work together, it is most beneficial for the child.

Also, humour is a significant tool to diffuse a potentially stressed situation with a critical parent. This ability only establishes the power of perseverance and a light-hearted approach to resolving conflicts.

Schools should encourage and facilitate parents to provide feedback directly to the school rather than criticising it inappropriately. This approach ensures that concerns are addressed constructively and collaboratively.

As an educator, my intention is to promote positive changes in the school culture after understanding its dynamics. I believe that every problem can be resolved through discussion and mutual understanding. Moreover, the emphasis should always be on a collaborative approach to problem-solving. The shared goal of parents and schools in wanting the best for children fosters a supportive and cooperative environment advantageous to learning and progression.

Chapter - 3

Open Doors and Open Minds

After the first Parent-Educator Conference, the relationship between the parents and me began to improve. Most parents found my unconventional, non-strict, open-door policy refreshing, though a few remained sceptical. The acceptance of an educator with an open mind and diverse strategies wasn't received well at first; people tend to view positions through a traditional lens, making it difficult to accept change. However, perspectives have shifted; today, such educators are appreciated and embraced. I was fortunate to have parents who not only trusted me but also supported my vision. Their confidence motivated me to excel, and the school began to progress steadily.

As December approached, students started gearing up for the Annual Sports Event. The entire team was deeply engaged in preparations, practising the march past, various drills, and games, along with planning some cultural programmes. Excitement filled the air, with both teachers and students eager for the event. I felt a swell of pride for my team as they worked passionately to ensure that the event would be a resounding success. It was heartening to witness everyone come together, embodying the spirit of collaboration and enthusiasm that defined our school community.

I was working on the duty list when suddenly I was alarmed by the ringing of the phone. It was from my Executive Director.

"Hello! Good morning, sir."

"Good morning, ma'am. I just wanted to share with you that I received a call from the Group President," he paused, "actually, he has received a complaint against you from a parent." He sounded worried and amused at the same time, as I could sense that he himself was muddled with his reaction.

I wondered what had happened. I started recalling if I had missed replying to an email or if I had possibly sent an incorrect circular.

"May I know what it is, sir?" I asked, a bit unsure and confused.

"Ma'am, a parent has written an email to the President stating that the new principal has become absurd. She is making the students practice for the sports day on the ground. She doesn't realise that it is freezing cold outside. What if the children fall sick?"

He was reading out the mail to me, and I was wondering what would happen in the month of January when we actually had the sports day.

Usually, December in Delhi is not too cold. The weather is comfortable.

As a matter of fact, on foggy days, the teachers had been instructed to avoid taking the toddlers out to the ground, avoiding the practice.

"But sir, the weather is quite comfortable for the practice and is quite sunny outside." I couldn't imagine that someone could actually put it up as a complaint and that too, directly to the President.

"Yes, ma'am," he said.

"But then…" I was struggling with my words as it was getting difficult for me to keep my hilarity under control. "Where can we make children practice for sports day if not the ground, sir? Athletics and other games cannot be practised inside the classes! They are meant to be practised in the grounds and open play areas, and we are already taking care of the foggy days. There are clear instructions that no early years child should be taken out to the ground on such days, but older children can, in my opinion, be taken out," I exclaimed.

"It was an anonymous email, ma'am," he said but with a chuckle in his voice. "Never mind, you continue with your practice; we will see if he writes again," he said, disconnecting his phone.

I should be more careful, I thought to myself, ensuring to be more careful next time, as parents do worry for their toddlers.

After disconnecting the phone, I began my routine by checking my mailbox as I check all important emails and reply if needed.

I started scrolling through my emails and was perplexed to see at least 20 similar emails.

Every email had the same verbatim; only the sender names were different.

> *"This is regarding the excessive fee for the sports day celebration. This is the third year of my daughter in school, and the school never asked for such amounts before for any activity, especially for dresses needed for any function. It was always recommended to arrange the dress from home or use the school sports day uniform. We are already paying a huge amount of fees which covers all such kinds of activities, so why this amount of Rs.--? Please look into this matter and be reasonable. Thanks."*

The content of the email brought a smile to my face. We have become so accustomed to seeking discounts at malls that we often compare schools to retail environments. Once, a parent told me that we are not schools but service providers and that they are our clients. I strongly disagree with this perspective; I believe we are an institution dedicated to not only educating students but also nurturing them, parenting them, and instilling values.

We must recognise that schools and parents need to collaborate to raise holistic individuals who excel academically while also developing essential life skills for sustainability. Blaming parents alone for any shortcomings is counterproductive; we need to understand the pressures they face in the workplace, which can often be irrational and overwhelming.

Due to these work pressures, many parents struggle to find quality time for their children, creating a tension between spending quality and quantity time. My advice to parents is simple: just spend time with your children. There's no need to overthink it—what they need most is your presence. Engage in conversations, share jokes, enjoy meals together, watch movies, and discuss positive topics. Trust me, this simple approach can go a long way; half the battle is won when children feel connected and valued by their parents. Building these meaningful interactions can make a significant difference in their development and well-being.

We are role models for our children, and they learn from us both consciously and unconsciously. Ironically, the behaviour we wish to shield them from often gets picked up more quickly. Therefore, it's crucial to strive to be 'good role models'. Children are always observing us, learning from our actions and attitudes.

When I ask children who their role models are, most of them name their parents, while others mention grandparents, uncles, aunts, or cousins—people from their immediate circle. This underscores our responsibility to exemplify positive behaviour for them to emulate.

The environment we cultivate at home is often mirrored in school. For instance, when a child touches my feet, it signals to me that respect for elders is a value practised at home. Conversely, if a child frequently engages in arguments, it suggests that conflict may be present in their home environment. Similarly, if a child exhibits anxiety over minor issues, it often indicates undue pressure from the family. Children are a complete reflection of their family dynamics, making it imperative for parents to foster a nurturing and supportive atmosphere at home.

After reading through the emails, I decided it was time to connect with the leader of the parent group. After some deliberation and persuasion, Dr. Veda agreed to meet with me.

"Ma'am, Dr. Veda is here to meet you," Bhawna, the front desk executive, informed me. "She's in a hurry and requests to meet you immediately."

"No worries. Send her in right away," I replied, eager to ensure she wouldn't have to wait.

In a minute, my room door opened and in walked Dr. Veda. She was a middle-aged woman, with curly hair tied in a knot, and had a very fair complexion with bright, wide eyes. I could see that apart from a light pink shade of lipstick, she was not wearing any makeup.

She looked confused, and as I looked up, I could see her hesitation.

"Good morning, Dr. Veda, come have a seat," I gestured to her towards the chair. As she was sitting, I could see that her hands were unsteady and her face was turning a little pale. It seemed she had not expected that I would call her to school to discuss something that she had written in the mail. It had never happened with her in the past. Moreover, meeting the educator adds to the pressure.

"Yes, Dr. Veda," I said, "before we get into a discussion, I would like to ask, what will you have, tea or coffee?" I asked, trying to make her feel a little more comfortable and relaxed.

"No... no... Thank you... ma'am." She hesitated, trying to look relaxed at the same time.

I immediately brought up the topic, realising that she had requested urgency.

"I believe you and your friends had some issue regarding the sports day charges," I said in a very soft tone as I didn't want to intimidate her.

"You have mentioned in the mail that the money charged is too much and we should reconsider the amount. May I know why you feel that way? We have asked for a very nominal amount. In the mail, it is written that the said amount is only for the costumes that will be retained by the children after the event," I said.

"Trust me, Dr. Veda," I continued, "I have instructed the vendor that good quality fabric should be used so that children can wear them later", said calmly, ensuring that she felt comfortable.

She was still restless and nervous.

"You can relax, Dr. Veda; we can always deliberate on our concerns and come to a common solution. See, the costumes are required to maintain the quality of the event and trust me, we are asking for only the amount charged by the vendor. You can take his number and send the amount directly to him," I said, comforting her.

"But, ma'am, what's wrong with the sports uniform? Why cannot we just use that?" she asked.

"Dr. Veda, children wear it twice a week and as this sports day is the annual event, we just want the event to look good. Moreover, it would be exciting for the children to wear the new dresses. Don't we buy them new dresses when we have special occasions? So this too is a special occasion for them," I tried reasoning out.

"If you have a financial problem, please let me know. I will think of something for your child," I said, wondering if she would accept my offer.

"No, not at all, ma'am. I am comfortable paying, but we discussed it among the parent's group, and they asked me to write an email to you for this," she interrupted immediately, not knowing how to interject.

"But the other parents have also written similar emails to me, and when we asked them to come and see us, they all said that it was you who encouraged them to write and that you have issues with paying," I said.

This statement made her furious as she did not expect that other parents had put her on the spot, evading themselves conveniently.

"Oh, really! Is this what they said?" She was furious, and I could see her face becoming red with anger.

"I know how these parents are. They do not have the courage to come forward and share their concerns. No wonder, only I was asked to meet you. Now I know what politics these parents are playing with me." She was fuming with anger. "Don't worry, ma'am, I am okay with this amount. I understand that it is a huge event and you are only charging us for the costume, and it was written in the circular that we can retain the costumes. I am completely with the school, ma'am, and I have no problem with the amount at all. Please go ahead with it, and I am sure the event will be a huge success." She seemed to be inconsolable. Before I could comfort her further, she stood up, and I could sense the embarrassment caused to her.

I am sure the volcano must have erupted as soon as she reached home because, post the meeting, I did not receive a single email. We all knew the reason for it!

The day of the event was very bright and sunny, thanks to the Sun God for such mercies. It was a warm, sunny morning in January. Everybody was looking forward to the sports day, and the children were looking beautiful in colourful costumes. The air was full of excitement and enthusiasm. Teachers were dressed up in vibrant sarees, and parents too seemed excited to watch their children perform.

It seemed most of the parents were elated with their wards' performances. Many appreciation emails were received after the event. We were completely overwhelmed with the testimonials.

However, there was one parent who was very unhappy, and the incident left us all completely flabbergasted.

A well-known sports personality had accepted our invitation to be the chief guest at the event.

I was sitting with the chief guest in the front row. Prerna came to me and whispered in my ear.

"Ma'am, there is a couple sitting two rows behind you, and they are continuously sobbing."

"Why? I hope all is well with them?" I looked back, trying to catch a glimpse of them, but couldn't see them properly as they were sitting in the last row.

"I don't know, ma'am, but the mother is weeping. Their child is in grade I," Prerna said. She looked worried.

"Okay! I will talk to them after the event is over. In the meanwhile, you go to them and try finding the reason for it," I advised Prerna.

I couldn't go immediately as the compere was about to announce my speech.

"Sure, ma'am," Prerna said, and I saw her walking towards the back lane. I looked back to catch a glimpse of the parent, but suddenly there was an announcement for my speech.

After my speech, as I walked towards my seat, I could see the couple. Both were red-faced, and the mother had teary eyes. I wondered what must have happened.

The mother seemed to be more worried, although the father too looked hassled.

I hope there is nothing serious. I thought of moving towards the row where the couple was sitting.

"Hello, ma'am, is everything fine? I believe you have been upset. I hope I can help you," I asked very compassionately, praying in my heart that as well.

Listening to me, the sobs intensified, and I could see the father sitting with an unhappy face, on the verge of shedding tears.

As I went closer, the mother got up and hugged me, wailing.

"What happened, ma'am? Please don't cry. You can share it with me. Maybe I can help," I said, consoling the mother.

"Ma'am, our child was participating in the flat race, and she lost the race. She hasn't got any position," the lady said.

The statement came to me as a setback. What is wrong with her? I thought. It is normal for children to lose or win races.

Calming her, I said, "That's okay, ma'am. This is just a game, and we learn from our failures. Maybe the child will learn from the mistakes and succeed next time. Moreover, this is just one event. Many more will be there in the future."

"But what do we tell our friends and family? It would be such an embarrassment that our child could not win anything while we were both achievers in all areas," the father got up to talk to me agitatedly.

"It's absolutely okay, sir. Not everyone is the same. Maybe your child is good at something else. We only have to find out the interest of the child and work towards that," I said comforting them.

"Ma'am, you are new to our child, we are not. We know our child better than you do. Please, we are not in the mood to listen to your sermons. Thank you." His voice was shaking with anger.

That was rude, I thought, but knew inside that nothing could help them at this point in time. Maybe in the future, we could discuss the matter.

I smiled at him and said, "As you wish, but do take the refreshments before you leave," and came back to my seat.

My heart went out to the child. What a torment the child must have been made to go through after reaching home. I prayed for the child, hoping that the child would not succumb to the gratuitous pressure.

Sports Day was a well-appreciated event, but that one incident left me pondering over the gravities created by our unreasonable expectations. The incident really touched my heart.

The child has now graduated, but as she grew, we could see that she was very low on self-esteem, exceptionally introverted, and would hesitate to communicate. I completely understand the pressures and torments the child must have gone through.

As parents, we often do not realise that too much expectation from the children leads to downheartedness and low self-esteem. We must accept that they are our children and not trophies. We should acknowledge them as they are without imposing our own aspirations on them and without putting them on display.

It should be our primary responsibility to endorse a compassionate environment at home and in school. Understanding our children's needs and creating achievable goals for them should be our main motive. We have to be sensitive towards the needs, emotions, and strengths of our children. We must accept them as they are.

A family should provide emotional stability to the children that would nurture their self-esteem and resilience. It is often the strength that they draw from their families that propels them to achieve greater heights. And when families fail them, it comes as a permanent blow to them.

Sometimes, children succumb to these pressures and land in perpetual depression and, in the worst cases, self-abuse. I strongly believe that every child has their own journey and career path. We need to understand their likes and dislikes and give them the freedom to choose their own route. We are the facilitators but, we should not become the sole authorities of their lives.

They all have their own personal journeys to tread, and we should encourage them to achieve their goals instead of trying to live our own dreams through them.

When will they live their own dreams? And if it doesn't stop here, generations after generations will continue going through the same ordeal.

It's crucial for parents to balance their aspirations with their child's individual interests and abilities.

Children are reflections of their home environment and they pick up their attitudes from their parents.

Therefore, parents need to model positive behaviours and provide a supportive home environment. A supportive family environment is vital for a child's emotional stability and confidence. Recognising that every child has a unique path and supporting them in pursuing their own goals, rather than imposing parental aspirations, is crucial for their long-term success and happiness.

We believe that schools are institutions responsible for holistic development and are not just service providers as we have a broader educational mission beyond academics alone.

Schools should also promote a healthy approach to competitiveness, where participation, efforts, and improvements are valued as much as winning.

. . .

Chapter - 4

Mud Pies or Modern Woes

"Go out and play in the mud," my mum would shout.

"But I don't want to dirty my hands," I would reply.

"Do you know how important it is for all of us to play in the mud? It boosts our immune system and connects us to nature and Mother Earth."

This was the kind of world we experienced in our childhood. We made toys from raw, muddy clay, played wildly in the dirt, and crafted utensils from sand using our imagination. Jumping in puddles and splashing dirty water all over ourselves was a delight, and dancing in the rain was a cherished part of our play.

We never experienced extended summer or winter vacations. When it got extremely cold, we simply added another layer of wool, and during heatwaves, we stayed hydrated. We never felt too hot or too cold. For us, a trip to the park was the ultimate reward. We savoured every moment of our childhood, likely because we grew up in a technology-free environment. Playing with friends in the park was our main source of entertainment, aside from the occasional movie outing. A small packet of plain chips and a bottle of Coca-Cola were considered rare treats, not something we could frequently ask for. Our culture revolved around home-cooked meals, making those indulgences special.

Eating healthy food was the only option, and playing in the mud was our most imaginative form of play.

Times have evolved, and classrooms have transformed dramatically. What were once simple desks, chairs, and chalkboards have now become state-of-the-art learning environments. Modern classrooms are student-centric, incorporating hands-on activities that encourage exploration, creativity, and critical thinking, fostering a more dynamic learning experience.

Emphasis is placed on providing opportunities for creativity, collaboration, and leadership. We have moved from mud play to clay play, from puddles to water play areas in classrooms, and from outdoor games to mobile games.

Undoubtedly, some changes in education are beneficial. The new curricula and pedagogies are far more advanced than those of our times. Educational planning now centres on students, with teachers introducing freshness and innovation to the classroom.

However, with development comes destruction. In the past, we all cared for Mother Earth, and she reciprocated. Today, we celebrate Earth Day to raise awareness about protecting our planet, a necessity born from human activities disrupting the environment.

Incorporating environmental care into the curriculum is essential for students to understand the pressing issues and learn ways to protect the planet. Celebrating Earth Day fosters a sense of accountability among students towards their environment.

Every year on April 22nd, schools commemorate this day with countless activities, including tree planting, clean-up drives, and educational workshops, instilling in students a deeper appreciation for nature and their role in preserving it for future generations.

"Ma'am, we are celebrating World Environment Day next week. What activities should be included?" asked my coordinator, Palak, a fair, middle-aged woman with a mature approach, who was deeply connected with her students.

She is a young, enthusiastic teacher and environmentalist. Her love for nature is evident in the way she regularly plans school activities.

"I want our primary children to plant a sapling in the garden," I said.

"That's a good idea, ma'am, but there is a hitch. Children might get dirty while doing so. Remember the chaos last time when they played in the sun?" she said.

"Don't worry about that!" I exclaimed. "We cannot shy away from our responsibilities. It is our duty to provide a holistic environment for the children. It is crucial to teach them that it is essential to care for those who take care of us, including the environment. Ensure we wash the children's hands properly after the activity. Ask for an apron from the parents and ensure the teachers are more careful this time," I spoke.

"Alright, ma'am, this sounds comfortable," Palak said, giving me a mischievous smile. I smiled back, ignoring the wickedness.

A week later, Environment Day was celebrated with meticulous planning. Students were excited about planting saplings. They enjoyed playing with the mud as they planted the saplings with their teacher's help. Palak was vigilant and determined to avoid complaints and ensure that every child wore the apron.

I was happy to see the children having fun. Teachers were on their toes, cleaning the children's hands after every activity.

At the end of the day, all the educators took a sigh of relief as the day ended peacefully.

The next morning, my idealism was shattered. My FOE told me that a primary student's mother was waiting at the reception with complaints about the Environment Day activities. I asked my FOE if the coordinator could handle it, but she insisted on meeting me, as she only wanted to see the topmost person.

"Okay," I said, taking a deep breath.

"Ma'am, should I send her in right away?" asked my FOE.

"Yeah, please do," I said, trying to find my spectacles, which I often placed on my head and then frantically searched for everywhere.

The mother walked in, a young, attractive woman with golden-streaked hair, wearing a skirt and a formal shirt. Her white stilettos added to her polished appearance. I was impressed with her sense of style.

"Good morning, ma'am," she said.

"Good morning, Ms. Gupta. How are you?" I asked, trying to gauge her mood.

"Not feeling so good, ma'am. In fact, I am quite frustrated with the school," she bellowed.

"Why? What happened?" I asked politely, anticipating her response.

"Ma'am, don't you assess the activities before deciding on them for our children?" she looked disturbed.

"Please calm down. Would you like to have a glass of water?" I asked. But before I could ring my bell asking for my peon, she nodded her head in a 'No'.

"Ms. Gupta, could you elaborate on the activity that has troubled you?" I asked, trying to calm her.

"I thought you must have guessed by now. I'm talking about yesterday's Environmental Day activity. Do you know my child had to use his hands to plant a sapling, and he is just in grade II? His hands got dirty!" she exclaimed.

I thought she was about to shriek, but she remained composed.

"I know, ma'am, because that's how saplings are planted. Were his hands not washed after the activity?" I asked, amused by her statement.

"I believe so, but what if he had put his dirty hands in his mouth? There are so many germs in the soil. What if he had fallen sick? Couldn't you have used gloves for the activity?" she genuinely sounded worried.

I finally rang the bell and asked my peon to bring her a glass of water.

"Ms. Gupta, we need to work on building our children's immunity, and if there is a danger of them falling sick from planting a sapling, then it is definitely alarming," I said, trying to console her.

"I know my child very well, ma'am. He has a strong immunity. He can eat two packets of chips every day with a bottle of Coke and digest it easily. There is nothing wrong with his immunity, but I don't want him to dirty his hands. In fact, he carries wet wipes in his bag and has been trained to wipe his hands every hour as the desks too must be dirty," she answered.

Are these parents for real? I asked myself. Doesn't she realise it's not good to give chips and Coke to children every day?

I looked at her closely. She seemed sensible, but thinking that her child's ability to digest chips and Coke was a sign of strong immunity was an imprudent statement.

I decided to ignore the statement for my own mental health.

"That's great, ma'am. I'm sure he must have wiped his hands after the activity. But don't you think these kinds of activities are essential for the healthy growth of children? We carefully plan all these activities. Don't you remember playing in puddles or dirtying your hands in the sand? These activities helped us develop necessary skills in our childhood apart from enhancing our immune system. Why deprive our children of all the fun? Don't you want your child to create beautiful memories too?" I said, expecting her to understand our viewpoint as well.

"My request is to exempt my child from such activities. I will send an email to the teacher. I do not want my child involved in these activities," she said.

She left, but I kept wondering about the Coke and chips story. I decided to make peace with the statement to maintain my mindfulness.

I often wondered after the incident whether we were parenting our children correctly. These young parents, often from nuclear families, lack guidance.

I will conduct a parenting session for these parents soon. I comforted myself.

But this was not the end of my troubles with soil. A few days later, I received a long email from a parent complaining that her child's Taekwondo uniform got dirty because the Taekwondo teacher conducted the class on the ground.

What was going wrong these days? Is the WhatsApp culture responsible for the restlessness, or is it overprotectiveness that is leading to such insecurities?

Another parent left me wondering further.

"I want to meet the principal immediately," a mother shouted at the gate on a cloudy day.

"All well, ma'am? What happened? Do you have an appointment?" asked my counsellor, Sonakshi.

Sonakshi, with a heart-shaped face and an everlasting smile, had wide eyes that added a spark to her beautiful face. She was firm in her approach but never forgot her soft manners. Children loved hugging her in the morning as she received them at the main gate.

"Don't you people have umbrellas? We are paying hefty fees to the school, and the school cannot afford a few umbrellas?" the mother shouted while dropping her daughter at the gate.

"But we do have umbrellas in the school, ma'am," said Sonakshi.

"Then where are they? What if it started raining? My daughter would have gotten wet. Who would have been responsible? Not a drop of water should fall on her. Do you know how quickly she falls sick?" she yelled at Sonakshi.

How, what, why, where, whom... All 'Ws' are the favourite words of the millennials, I believe.

Millennials, typically people born between the early 1980s and mid-1990s, are very anxious for their progeny due to rapid technological progressions and economic challenges. They provide everything to their children that they could not get or desired for themselves.

If 50% of parents have turned into over-possessive, overprotective individuals, we still have hope in the remaining 50%. Let's pray that their parenting does not let us lose hope in future citizens.

Our vision is to create mentally and physically strong future citizens. I entered the education sector to contribute towards creating better human beings—empathetic individuals who would take leadership roles, think creatively and make critical decisions. Unfortunately, new-age parents are apprehensive about giving their children these exposures. Before a child learns to communicate, their hands are filled with gadgets. Children get everything without even asking and so do not value the effort or the toy.

In earlier times, things were provided based on need, but now children feel entitled to demand whatever they want, believing it is their parent's duty to provide it. They do not know how to wait their turn and cannot handle denial. They no longer endure pressure; all pressures are borne by the parents.

I often wonder if these children will ever opt for the armed forces or survive its pressures. I am still wondering.

I believe that engaging with nature and participating in outdoor activities, such as playing in the mud, can significantly benefit children's physical and mental health. It fosters creativity, improves the immune system, and helps children develop necessary skills.

While technological advancements in education and parenting have many benefits, it is crucial to balance these with traditional values like outdoor play and hands-on activities to promote holistic development. Overprotective parenting can hinder a child's development. Allowing children to engage in activities that might get them dirty or expose them to minor risks is essential for building resilience, independence, and problem-solving skills.

As times evolve, it is essential to adapt to new methods and technologies. However, adaptation should not come at the cost of losing beneficial traditional practices that contribute to a child's overall growth. True immunity and health are not solely about avoiding dirt, but about building a robust immune system through exposure to various elements, including nature. Misconceptions about health, such as equating the ability to digest junk food with strong immunity, need to be addressed.

The shift from traditional to modern classrooms, with a focus on student-centred learning and creative activities, demonstrates the importance of evolving educational practices to better suit student's needs. Teaching children about the environment and involving them in activities like planting saplings can instil a sense of responsibility towards nature. Celebrating days like Earth Day helps raise awareness about environmental issues and the importance of sustainability.

Modern parenting can sometimes lack the guidance and wisdom of older generations, especially in nuclear families. This can lead to overprotective or misguided practices. Parent education sessions can help bridge this gap.

At the same time, educators play a critical role in shaping not just the academic but also the social and emotional development of children. They need to navigate parental expectations and advocate for activities that benefit the child's overall well-being.

Chapter - 5

Truth Bop

Parents often fall into the trap of defending their children, knowingly or unknowingly. Out of their love and affection for the children, they tend to believe their children's accounts without thoroughly investigating the truth. This unquestioning loyalty can sometimes have far-reaching implications for the child's moral and ethical development.

In a recent incident, a child was caught cheating using books hidden in the washroom. At school, the child admitted to the wrongdoing and explained the entire incident in the 'My Action Form'. This form allows children to describe their actions, reflect on what they could have done better, and consider how they might avoid such misconduct in the future. It is a well-designed tool that gives students the opportunity to share their side of the story, fostering a sense of responsibility and accountability.

However, once the child reaches home, the narrative often changes dramatically. This may be due to a lack of confidence in their parent's reactions if they tell the truth or fear of punishment. This was precisely the case with the aforementioned child. Upon returning home, he relayed a completely different version of events to his father. This shift in narrative is common and points to a deeper issue of communication and trust within the family.

We frequently encounter bullying cases where, if parents were to revisit their emails, they would realise that their communications are filled with threats and aggressive demands. These threats not only undermine the authority of the school but also set a poor example for the children, teaching them that intimidation and coercion are acceptable ways to resolve conflicts.

In this instance, the parent wrote a threatening email to the school, warning of severe consequences if the issue was not addressed to his satisfaction.

"Ma'am, did you read the email from the parent?" asked Rachna, the coordinator of the middle school.

"Which email?" I inquired.

"Ma'am, do you remember the child who was caught cheating in the washroom on Friday?" she asked. Rachna was an exceptionally competent coordinator, well-versed in her responsibilities. She was a woman of medium build with striking wide eyes, a dusky complexion, and black hair. She was known for her decisive nature and her ability to handle sensitive situations with tact and efficiency.

"No, I haven't. I haven't had the time since morning. I will go through it once I reach my office," I replied as I walked down the second-floor corridor, peering into classroom windows, observing the teacher's pedagogical methods, and monitoring student discipline simultaneously.

"Ma'am, please let me know what needs to be done about that," she requested.

"Sure. Let me read through it first," I assured her.

As soon as I reached my office, I opened my mailbox and read the email.

Dear Ma'am,

This is to inform you that my son, a grade VI student, had an SST exam on the 13th of September. Another grade VI student stole the solved mock test and other solved worksheets from my child's school bag and placed them in the washroom. My son was unaware of this incident. The teacher investigated and unjustly accused him of cheating. Despite my son's denial, the teacher, who has a personal bias against him, placed the blame on him.

I request you to intervene in this matter because my son is very upset. He is being teased by his peers for allegedly cheating, and a warning letter has also been issued to him. I was informed that the CCTV footage shows my child taking the books to the washroom. I believe that my child is being framed, and his image has been manipulated by the teacher. I urge you to find the real culprit, or I will file a complaint with the local authorities.

After reading the email, it was clear that the child had emotionally manipulated the parent. Despite being highly educated and holding a prestigious position in a reputable organisation, the parent could not acknowledge that he was encouraging his child to distort the truth. This denial can be damaging, as it teaches the child that lying and manipulation are acceptable if it serves their purpose.

The parent was called to the school and shown the CCTV footage along with the child's apology letter. Although he struggled to accept that his child could have done something like this, he refrained from sending further emails or lodging complaints with the authorities. This incident highlights the importance of fostering open, honest communication between parents, children, and educators. Only by working together can we ensure that children learn to take responsibility for their actions and grow into morally upright individuals.

To further address such issues, it is imperative for schools to engage parents in workshops and seminars on effective parenting and the significance of integrity and accountability. Educating parents about the long-term consequences of shielding their children from the repercussions of their actions can help in nurturing a more honest and responsible generation. Building a supportive community that prioritises truth and fairness over blind allegiance will ultimately benefit not just the individual child, but society as a whole.

Parents often do not realise that, indirectly, they are encouraging their children to lie. We have observed parents during school dispersal. As soon as they take charge of their children, some inquire about their day, asking if they had lunch properly, drank water, went to the washroom, or completed their work. These questions show a genuine concern for the child's well-being and daily routine.

However, we have also observed parents asking more leading and suggestive questions, such as, "Did your teacher shout at you?"

Did she hit you?

Did she hit any other student in the class?

Did a child push or hit you?

Such questions imply certain answers, almost putting words in the child's mouth. Children are very perceptive; they gauge the kind of responses their parents expect and frame their answers accordingly.

Parents play a crucial role in shaping their children's values and behaviours. By inadvertently encouraging their children to lie through suggestive questioning or shielding them from consequences, parents can undermine their children's honesty and integrity. The way parents frame questions can influence the responses they receive from their children. Leading questions can suggest certain answers and put words in the child's mouth, leading to embellished or false narratives.

In fact, many children, especially in their early years and primary grades, are adept storytellers. They enjoy concocting stories, and most of the time, parents believe these tales without question. It is essential for parents to thoroughly investigate situations rather than accepting their child's version of events at face value. This helps in understanding the actual circumstances and teaches children the importance of truthfulness. Overprotective and ego-driven behaviours from parents can harm their children by making them arrogant and less accountable for their actions. It can also negatively affect their social interactions and behaviour.

In another incident, a child from grade I hurt himself while playing with a steel bottle on the bus.

However, he told his parents that another child had hit him. After our investigation, we discovered that the child was lying. Nevertheless, the mother refused to accept the truth. She continued to shout at the teachers and coordinator, accusing them of not finding the culprit and deliberately harassing her and her son.

Despite our efforts to console and convince her, she could not accept that her child had lied. For a week, she kept yelling at everyone.

Finally, one afternoon, she boarded the bus, picked a random grade VII child, bullied him, and shouted at him, forcing him to apologise to her son for her personal satisfaction.

The child who was made to apologise publicly was traumatised, mentally harassed, and deeply disturbed. We are still counselling this child and responding to emails from his father.

It is commonly said that school teachers and students bully children, but sometimes, parents are also involved. They do not realise the impact of their actions on their own child. Their ego and overprotective attitude not only harm their child but also make them arrogant, affecting their behaviour.

Parents are supposed to lead by example, but actions like these set a poor precedent. Children learn more from their parent's actions than from their words.

Are these parents setting the right example for their children? I think not because after a few days, the same child asked the teacher to 'fuck off' while she was trying to help the child write properly.

When the incident was narrated to the parent, the refusal and defensive mode were quite obvious.

Although the child is no longer in my school, the incident has left me wondering if we will ever achieve our mission with such parenting. How can we foster an environment of trust and integrity when parents undermine our efforts by shielding their children from the consequences of their actions?

I had not yet recovered from this incident when another occurred. The father of a grade XII student came to the school, shouting at the reception and demanding to see me. Hearing the commotion, I went out to see what was happening.

The father was uncontrollable. "What happened, sir?" I asked.

"I regret sending my child to your school," he said, his voice rising further.

"Please, stop shouting. You are standing at the reception, and there are early years students nearby. You're scaring them," I said loudly to calm him. Sometimes we have to raise our voices to be heard. The parent immediately lowered his tone.

"Now, tell me what happened," I asked.

"You people don't teach discipline to the students. What is the point of paying so much school fees if the children aren't taught the basics?" he yelled again.

"Why? What happened?" I asked, now restless.

"Last night, after we all went to sleep, my son took the car keys and went for a drive with his friends. We only realised what he had done when we checked the camera footage. Is this what you teach your students? Are these the values imparted by your school?" he demanded, sounding frantic.

By this time, I had lost my patience. My coordinators and admin staff had gathered at the reception as the father was causing quite a scene.

"How am I responsible for this action? It didn't happen at school; it happened at home. You are responsible for his actions," I said, extremely disconcerted.

"No, YOU ARE RESPONSIBLE!" he yelled again. "It is your duty to give him the right values."

"How am I responsible?" I asked. "Was he in my house? Was he carrying my car keys?"

"No, but only you are responsible for his actions," he insisted.

"In that case, sir, you married the wrong person. You should have married me; only then could I take responsibility," I said sarcastically.

He was completely taken aback by my response. He probably never expected such an answer. His reaction made me laugh, and the entire faculty at the reception started laughing as well. Seeing us, he too began to laugh.

I led him to my office, called the boy from his class, and made him fill out the 'My Action Form'. After a glass of water, the father calmed down. The form gave an opportunity to the child to express himself which otherwise he was unable to do. Although he reflected on his action and did mention that such an action could have been avoided, he also reflected on the unnecessary pressure created by his parents at home and how this action was a way to inform parents that he had the maturity to take his own decisions.

After reading the reason for the child's action, we counselled the father and advised him to be more supportive of the child and understand his growing needs.

I often recount this incident in my parenting sessions, urging parents to take responsibility for their children's upbringing. When it is time to discipline their children, many parents instead buy them gifts, flaunt their possessions, and spoil them by acceding to their demands. As a result, when the children grow up, they stop listening to their parents. It is crucial for parents to take charge of their children early on to prevent unpleasant behaviours.

I always made sure my biological children earned their gifts. They never received anything for free. I would put up a list of household chores on the refrigerator. Whenever they wanted to buy something, they had to help with household chores to earn points to fulfil their demand. To this day, my children value money and spend it cautiously.

To further address such issues, it is imperative for schools to engage parents in workshops and seminars on effective parenting and the significance of integrity and accountability. Educating parents about the long-term consequences of shielding their children from the repercussions of their actions can help in nurturing a more honest and responsible generation. Building a supportive community that prioritises truth and fairness over blind allegiance will ultimately benefit not just the individual child, but society as a whole.

Moreover, schools should establish open communication channels with parents, ensuring they understand the school's values and disciplinary measures. Regular meetings, transparent reporting systems, and collaborative problem-solving approaches can foster mutual trust and respect between parents and educators. By working together, we can create a more conducive environment for children to learn, grow, and develop into responsible and ethical individuals.

In conclusion, parents play a pivotal role in shaping their children's values and behaviours. It is essential for them to realise the impact of their actions and take responsibility for nurturing honesty and integrity in their children. Only through a collective effort of parents and educators can we hope to achieve our mission of raising a morally upright and responsible generation.

Schools should implement reflective tools like the 'My Action Form' to help students reflect on their actions and learn from their mistakes. Such initiatives will not just promote accountability and responsibility among students, but will also diffuse the disciplinary concerns.

Schools often face aggressive parents who refuse to accept their child's misbehaviour. Handling such situations with patience and clear communication can help de-escalate tensions and promote a more constructive dialogue.

Creating a community that values truth and fairness over blind allegiance benefits not just individual children, but society as a whole. This collective effort ensures that children grow into responsible and ethical individuals.

Chapter - 6

Pampered Perils

In my 27-year career, I've observed a significant shift in parent's parenting styles and actions and in children's attitudes. When parents excessively pamper their children, never saying 'no' and treating them like rewards, they often face significant challenges during their child's adolescence.

During our childhood, our parents treated us like trophies, displaying us in front of friends and relatives, boasting about our knowledge and achievements without realising that they were indirectly putting unnecessary pressure on us. However, I also remember that they valued the educators and their advice for their children and never questioned the knowledge imparted at schools.

The resources were scarce, and children valued everything that was provided to them by their parents.

I recall a distressed mother of a grade VI girl who approached me, struggling with her child's changing behaviour. She was unable to manage her daughter's evolving socio-emotional needs and sought my guidance. Although my background is in biology and law, I organised a parenting session to assist her and other parents.

Despite a low turnout, around 50-60 parents attended, including one who frequently had issues with the school. We gathered in the auditorium, and I aimed to keep the session interactive.

One mother asked, "Ma'am, our children do not value money. What should we do to ensure they respect that parents work hard to earn it?"

I responded, "We, as parents, pamper children with unnecessary gifts. We provide gadgets, branded clothes, shoes, and toys even before they ask. Do we teach children to earn money? Salaries are earned after work is done. We need to instil this principle in our children as well."

A father interjected, "But they are young, and their duty is to study. How can they earn money?"

"If their duty is only to study, why do we burden them with unnecessary materialistic things? These items become status symbols for them. We need to understand their needs before providing gifts. We should involve children in small tasks to teach them the value of money. For instance, create a list of daily chores with corresponding monetary rewards. If your child needs money for a birthday gift, let them earn it through these chores. This will help them value your efforts and respect hard-earned money while developing essential life skills."

I reiterated that involving children in household chores with monetary rewards helps them understand the effort required to earn money. They should be taught to identify the difference between needs and wants. Children should be encouraged to save money, and they should visually see their money grow.

Children should be taught financial literacy from a young age. Through this, they will not only develop life skills but will also understand money management, budgeting, and saving.

It will foster responsibility and decision-making, preparing them for future financial independence. This approach will instil a respect for hard work and financial prudence.

The parents agreed and were happy with the suggestion. They all decided to apply it.

Yet, a father, known for his frequent complaints about the school, stood up aggressively. "Ma'am, since my child started school, he's been using abusive language."

I calmly suggested, "Please check if someone in your vicinity is using such language."

He retorted, "No, it's not from our neighbourhood; it's the school."

Smiling, I moved to the centre of the auditorium and, with joined hands, said, "Yes, every morning in assembly, I ask children to join hands, and I teach them all kinds of abuses because I believe that learning to abuse is more important than learning values." I gestured without saying the offensive words, and the room burst into laughter.

"Sir, our motive is to teach values to the children, and the morning assemblies are conducted to instil these values. We do not encourage using abusive language in the school. In fact, instead of blaming the school, you should check with your child, and I am sure he will be able to tell you the source," I insisted as I could sense the unaccepting attitude of the parent.

Parents and teachers must work together to address behavioural issues and support children's development. Open communication and mutual respect are vital for a successful partnership.

Children learn more from their parent's actions than their words. Setting a positive example in behaviour, responsibility, and respect can significantly influence a child's character.

Parents should avoid protecting their children and bailing them out for their wrongdoings. Instead, they should encourage open and honest communication with their children to understand their perspectives and experiences.

Rather than blaming schools for every issue, parents should engage in constructive dialogue to find solutions. A collaborative approach benefits both the child and the educational community.

This incident highlighted how easy it is to blame schools and teachers, who are often at the receiving end. However, it's crucial to understand that playing the blame game doesn't help our children. Our mission as educators is to bring out the best in our students, and cooperation between parents and teachers is essential for this goal. Furthermore, excessive pampering and never saying 'no' can lead to significant behavioural challenges during adolescence. Setting boundaries and teaching the value of earning rewards are crucial.

"Ma'am, Aisha is a new admission in kindergarten, and her mother is here to see you," Bhawna, my front desk executive, mentioned, admiring the green plants I had recently placed on my windowsill, adding a splash of colour to my office.

"Please schedule her for tomorrow," I replied, immersed in reviewing a parent circular forwarded by Payal, the other coordinator.

"What time should I set, ma'am?" Bhawna inquired.

"Tell her to come at 10:00 am," I directed, refocusing on my laptop.

The following day, Aisha's mother arrived at the reception at 10:45 am, just as I was preparing for my daily rounds.

"Ms. Sharma arrived late. Should I have her wait, considering your schedule?" Bhawna asked.

"Please send her in immediately," I instructed.

Aisha's mother entered my office, a pale, delicate woman with a serious demeanour. Her mustard yellow shirt clashed with her blue trousers, a detail my eye for aesthetics couldn't help but notice.

"How are you today, Ms. Sharma?" I greeted her warmly.

"I'm well, thank you, ma'am," she replied with a hesitant smile.

"What can I assist you with?" I asked, returning her smile.

"Ma'am, I have a request," she began tentatively.

"Please, go ahead," I encouraged, curious about her purpose.

"I was hoping to request a change in the kindergarten morning timings," she said, surprising me.

"Could you share your reasons for this request?" I inquired politely.

"Ma'am, I feel my daughter is too young to wake up so early. I struggle to get her up in the morning. Could we start at 10:00 am instead of 8:15 am?" she asked quickly, as if worried about forgetting her request.

"I understand your concern, Ms. Sharma, but changing the school schedule isn't feasible. Our timing ensures consistency for all students, aligning with bus schedules and promoting a productive learning environment," I explained, drawing on my educational background.

"Moreover, early mornings are crucial for young children's cognitive development. Their brains are more receptive to learning and social interactions during this time," I continued, emphasising the benefits of the current schedule.

"But ma'am, I find it difficult to wake up early," she persisted.

"In that case, adjusting your routine may be necessary. Ensuring enough rest and managing your time effectively can help," I suggested gently.

"I apologise, but we cannot alter the school timings for individual requests, especially with nearly 2,000 students to consider," I concluded, offering a reassuring smile.

"Okay, ma'am," she responded somewhat reluctantly before leaving my office.

I am certain that school schedules provide a consistent structure that supports children's development and logistical operations, like bus services. Encouraging parents to manage their routines and adapt to school schedules fosters collaboration in children's educational journeys.

Parents should understand their children's genuine needs instead of fulfilling every desire. This helps in fostering a sense of gratitude and responsibility.

It's important for parents to respect the roles and expertise of educators. Trusting teachers and the school's disciplinary measures can lead to a more harmonious and effective learning environment. At the same time, schools should also be open to the feedback and concerns of the parents.

By integrating these principles, parents can foster a more balanced, respectful, and responsible upbringing for their children, leading to a harmonious and productive adolescence. Schools too can participate in the growth of the students.

Children learn more from their parent's actions than their words. Setting a positive example in behaviour, responsibility, and respect can significantly influence a child's character. Demonstrating values such as honesty, kindness, and perseverance in everyday actions is more impactful than merely talking about them.

Very soon, another incident completely blew me out of my mind.

A grade XI teacher urgently sought my attention one morning.

"What's the matter, Manika?" I asked Manika, the senior teacher, with concern as she looked concerned. "I hope all is fine?"

"Ma'am, Tushar hasn't been to school for the past 15 days. I've been trying to contact him, but there's been no response. Plus, his fees haven't been paid," she explained anxiously.

"Find his address and send Gautam to check on him at home," I instructed. Gautam was our transport officer, who often handled such urgent visits.

The next morning, to my relief, Tushar arrived at school accompanied by his elder brother. I wasted no time in summoning them to my office.

As they entered, a distinctive odour permeated the room. Both Tushar and his brother appeared dishevelled and unkempt.

"Where have you been, Tushar?" I inquired gently.

"I was at home, ma'am," he replied softly, avoiding eye contact.

"What have you been doing at home? Don't you want to continue your studies?" I asked firmly.

Tushar remained silent, staring at the floor.

Turning to his brother, I asked, "And why didn't your parents turn up? I had called them to meet me a long time back," I enquired.

The elder brother, who seemed barely older than Tushar, spoke with a heavy heart. "Ma'am, our parents are separated. Neither of them is willing to take responsibility. It's just the two of us, looking after each other."

My heart sank for both of them.

"Please have a seat," I gestured, and they complied silently.

"Have you had breakfast?" I asked empathetically.

"Yes, ma'am, we ate before coming," Tushar's brother assured me.

"And what about you?" I turned to him. "What are you doing now?"

"I've enrolled in a nearby college, ma'am," he replied, trying to sound more confident.

"But where are your parents? Even if they're separated, shouldn't they be looking out for you both?" I pressed gently.

"My mother moved out with her boyfriend, and my father lives with his personal secretary," Tushar's brother admitted, looking embarrassed, while Tushar remained silent.

My mind raced with questions about how careless and selfish the parents must have been to abandon their own biological children in such a way.

"Please let me know if there's anything you need. But Tushar must return to school regularly; exams are approaching, and his teachers are concerned," I insisted.

"Yes, ma'am, I'll ensure he attends every day starting tomorrow," his brother promised.

"Good, and please take care of your personal hygiene as well. It's important for your health," I added.

"Yes, ma'am. Thank you," they both replied gratefully.

After they left, I couldn't shake the feeling of disbelief and concern. The dynamics of family life had changed dramatically, leaving these two young men to fend for themselves. After persistent follow-ups, we managed to contact their father and secure Tushar's fees. However, it was painfully clear that both parents had completely abandoned their children, leaving them struggling both physically and emotionally.

As I reflected on this troubling situation, I realised the broader implications. Tushar and his brother were not just facing academic challenges but also navigating the harsh realities of parental neglect. Their story highlighted the profound impact of family breakdown on young lives, exposing them to instability and deprivation of basic needs.

Moving forward, it became imperative to provide ongoing support not only academically but also emotionally and socially. Our school community rallied around Tushar and his brother, ensuring they received counselling, support, and access to resources that could help stabilise their lives. We worked closely with them to explore long-term solutions that could provide them with the stability and care they deserved.

This experience served as a stark reminder of the importance of a supportive school environment and the critical role educators play beyond academics. It underscored the need for empathy, compassion, and proactive intervention to safeguard the well-being of every student, especially those facing significant challenges at home. Had Manika not been concerned, these boy's agony would not have ever reached us.

In the weeks that followed, Tushar began attending school regularly again, showing signs of improvement both academically and personally. His brother continued to pursue his college education while juggling responsibilities at home. Together, we forged a path forward, determined to ensure that they had every opportunity to thrive despite the adversity they faced, and my teachers were a huge emotional support to him.

Understanding the personal circumstances of students is crucial for providing effective support. Tushar and his brother needed more than academic guidance; they needed compassion and understanding for their challenging family dynamics.

The experience highlighted the need for schools to offer holistic support beyond academic assistance. Students like Tushar and his brother require emotional support, access to resources, and guidance to navigate personal crises that impact their ability to learn and thrive in school.

When families are unable or unwilling to provide necessary support, educators must step in to ensure student's well-being and academic progress are not compromised.

Moving forward, this experience has prompted us to advocate even more strongly for policies and practices that prioritise student welfare and holistic development. It reinforced our commitment to fostering a nurturing educational environment where every student feels supported, valued, and empowered to succeed, regardless of their personal challenges.

Learning from experiences like these helps shape a more compassionate and effective approach to education, ensuring that all students have the opportunity to reach their full potential despite obstacles they may face outside of school.

I strongly believe that raising children is a shared responsibility between parents and educators. While schools play a significant role in imparting knowledge and values, the foundation is laid at home. By setting the right examples, fostering open communication, and encouraging responsibility, parents can significantly influence their children's growth and development. It is essential to work hand-in-hand with educators to ensure that children receive consistent messages about discipline, respect, and responsibility. Only through such collaborative efforts can we hope to bring out the best in our children and prepare them for a successful and fulfilling future.

PRINCIPAL

Chapter - 7

Cool Air Conundrum - My Throat Vs. Their Hands

Reflecting on my childhood, I recall a time when life was simpler and roles were clearly defined: parents were nurturing and supportive, teachers were dedicated educators, and students were eager learners. The facilities at our schools were basic, and the focus was truly on education—not just academic learning, but holistic development.

As a graduate of a convent school, one vivid memory stands out. Every Friday, we were required to bring a duster to school. In the last period of the day, all of us would clean our desks. It wasn't just a chore; it turned into an unannounced competition to see whose desk would shine the most. We eagerly looked forward to this activity and took immense pride in cleaning our own desks. This simple exercise taught us an important life skill: the value of cleanliness and personal responsibility. Today, I often wonder whether a parent would react negatively if their child was asked to clean the desk.

In those days, our schools had basic amenities, and we were content and happy with them. However, times have changed, and so have the facilities. Now, we are in the era of 'state-of-the-art infrastructure', with air-conditioned schools being the norm. While these modern conveniences have their benefits, they also bring a new set of challenges. Air conditioners, being machines, are prone to breakdowns. At home, a malfunctioning AC can sometimes take weeks to repair. As a school, we strive to fix such issues as quickly as possible, but there are times when repairs take longer than anticipated.

This situation becomes a significant source of stress. If the AC stops working, our peace of mind vanishes. I personally dread the days when the AC malfunctions. The flood of emails and messages we receive, often identical due to the WhatsApp culture, can drive us to the brink of madness. I don't fear ghosts as much as I fear the days when the AC stops working. Furthermore, the bus AC not working adds to my agonies.

One day, the AC in grade III wasn't cooling effectively. The mechanic was struggling to identify the fault, and it was taking longer than expected. During my corridor rounds, I walked into the grade III classroom to check on the teaching and learning process. A tiny little boy, speaking in a typical regional accent, aggressively approached me and said, "Principal, ma'am, our AC is not functioning properly. The cooling is not so effective."

"We are looking into the fault, child. It should be fine by next week," I assured him.

"Next week?" he shouted. "You know my parents are paying a bomb to the school, and you are saying next week? Are you going to give a discount on our fees for this week?" he yelled in frustration, leaving me startled at his reaction.

However, after listening to the child, I decided to take him to the coordinator's room where the AC was not working at all. Despite the extremely hot room, she was working diligently.

"Do you feel hotter here or in your classroom?" I asked him.

He had mellowed down by now. "In this room," he admitted.

"Do you think ma'am is shouting and not working?" I asked.

"No, ma'am. She is working and not shouting," he replied with his head bowed.

"You must understand that we have to learn to adjust in all situations. I understand that AC is important for us to study in a comfortable environment, but sometimes, even if we have to work outside our comfort zone, we should be ready to face challenges. The important thing is not that the room is not chilling; the important thing is that the learning should not stop." I hugged the child and took him back to the classroom.

Although there was an email from the parent of the same child in my mailbox accusing me of intimidating their child, I had by now learned to ignore certain emails.

Reflecting on this incident, I didn't expect such rudeness from the tiny boy, but I could understand the kinds of conversations taking place at home. I often say that we can realise the set of values being followed at home from the attitude and behaviour of a child in school. The way a child responds to a situation is a clear indication of the environment at home. There are times when children misbehave with teachers and refuse to apologise. When a child shows anger at everything, we understand that something at home is not right. The reflection of values being taught or role-modelled at home is clearly visible at school.

I often reflect on how the environment has changed since our school days. The simple joys and responsibilities we had as students taught us invaluable lessons. We didn't have modern conveniences, but we had a sense of community, responsibility, and adaptability that seems to be fading in today's fast-paced world. The focus now often shifts to material comfort and instant gratification rather than resilience and perseverance. This shift not only affects students but also poses challenges for educators and administrators in maintaining a balanced and effective learning environment.

I believe that teaching children to adjust and work under less-than-ideal conditions builds resilience and adaptability. These skills are essential for facing the unpredictable challenges of life. Emphasising effort and perseverance over comfort teaches a crucial life lesson. It reinforces the idea that achieving goals often requires enduring discomfort and challenges.

The primary focus should always be on continuous learning, regardless of external conditions. Education should prioritise knowledge and skill acquisition over physical comfort. The sense of community and mutual support in the past played a crucial role in the holistic development of students. Recreating this environment in modern schools can help address some of the challenges posed by advanced infrastructure. Striking a balance between traditional values and modern conveniences can lead to a more rounded and fulfilling educational experience for students.

Positive behaviours, such as respect and politeness, indicate a nurturing home environment, while negative behaviours, such as anger and entitlement, often point to underlying issues at home. Parents play a crucial role in shaping their children's attitudes and behaviours. Modelling positive values and maintaining a supportive home environment can significantly impact a child's development and behaviour in school.

In leadership roles, learning to handle criticism and negative feedback is crucial for maintaining focus and composure. Demonstrating leadership through compassion and understanding helps build trust and respect. Leading by example, as shown by the coordinator working in a hot room without complaint, sets a powerful precedent for students. Schools and homes should work hand-in-hand for the greater benefit of the child.

Chapter - 8

Covid Chronicles:
The Quarantine Dilemmas

As if all our challenges were not enough, suddenly we were attacked by COVID-19.

We heard that there was a new virus that had travelled from China to the world, but India had yet to encounter any cases. On January 27, 2020, the first case of COVID-19 was reported in Kerala, but we were all too oblivious to the consequences.

"Prerna, I have heard that a few cases of the coronavirus have come up in Dubai," I told Prerna, the coordinator, as we had both booked our travel to Dubai for a workshop I was invited to attend. It was a sponsored trip.

"Doesn't matter, ma'am, we will wear masks," she said, laughing. "I don't want to miss this trip at any cost. This is my first visit to Dubai, and I really do not want to miss the opportunity."

"But we do not have masks, and for travel, N95 masks are necessary."

"Don't worry, ma'am. Indian Oil Gas Stations are distributing these masks. We will ask our administrative officer to arrange these for us," she said, and I instantly agreed as I too was excited to visit Dubai, one of my favourite places as it would bring back the nostalgia of all the memories I had of my past stay in Dubai.

Our Dubai trip was very productive, and we thoroughly enjoyed it. Although there were a few COVID cases in Dubai, we were very cautious and wore our masks at all times. We avoided taking them off, even though we could see many locals not wearing them at all.

It was the end of February 2020 when we returned from Dubai after our six-day trip. A few more COVID-19 cases had emerged around Delhi/NCR. Gradually, the cases started increasing, and we could see people around us succumbing to the virus. As teachers, we felt we had immunity against everything; what could a virus do to us? We were all geared up for the new session beginning in April.

On March 24, 2020, our Honourable Prime Minister, Shri Narendra Modi, announced a complete lockdown for 21 days. Lockdown, quarantine, social distancing, sanitising our hands, and virtual meetings became the new vocabulary words for the entire human race. But trust me, COVID-19 taught us many life lessons that we otherwise would not have learned.

The new challenge was: What to do? Do we close down the schools? What will happen with the new session? Are students not going to study? Will they not come to school? How do we teach them? These were a few questions that every educational institution was facing.

As a progressive school, our teachers were already equipped with technology, but Teams meetings, Zoom meetings, Google Meet, etc., were new ventures. Immediately, all schools started with the teacher's training to handle online platforms, and so did we. Although our teachers were used to the application of technology, taking online sessions was something new, and soon, they became masters of the new technology. Teaching and learning transformed significantly, adapting to new challenges and opportunities. Traditional methods had to be shifted to online platforms. Teachers adopted innovative approaches and greater flexibility. They were regularly involved in professional development to understand the importance of digital literacy and self-directed learning, while also emphasising the need for connection and support from the parents.

Within a week, the teachers got trained and started using the new technology. The challenge was managing work-life balance, as they had to attend to household needs and classrooms at the same time. During the COVID-19 period, the government announced healthcare personnel and police forces as Corona Warriors. Although teachers did not get official recognition, I believe that we, too, were true Corona Warriors. We did not let the teaching-learning process stop.

Teachers themselves were going through anxiety and stress, just like every other citizen who was losing their family members and friends because of the virus, yet they were unstoppable. They not only managed their household chores but also converted their personal rooms into classrooms.

The shift to online classes indeed created a different dynamic, with parents becoming a more active audience in the teaching process. This close observation, while potentially beneficial for transparency, also introduced a new level of pressure on teachers who were already navigating the demands of digital learning. The complaints, while seemingly minor in isolation, collectively added to the stress of managing both the students' needs and parents' expectations in real-time. The constant monitoring from multiple angles (administration, management, and parents) placed teachers in an environment where they had to balance performance and well-being amidst unrelenting scrutiny.

Apart from the teaching hours and class timings, there were complaints such as:

"The teacher did not ask anything of my child."

"The teacher was not smiling."

"The teacher was talking in Hindi."

"The teacher scolded my child."

Screen time was increasing for both children and teachers, which worried everyone. There were varied challenges for teachers. Parents had issues with timings not suiting their schedules, teachers using Hindi words while teaching, and teachers not acknowledging all students in virtual classes. This was new for teachers too, but they tried their best to cope with the situation.

Poor teachers found themselves under continuous observation from all fronts—administration, management, and parents. This situation was unprecedented and challenging for several reasons. Constant scrutiny from parents and administration added significant pressure, affecting teacher's performance and well-being.

Online platforms sometimes make it difficult for teachers to engage with students effectively, leading to misunderstandings.

Complaints about the language used highlighted the diverse backgrounds of students and parents, necessitating a careful balance in communication.

Finally, the virtual PTMs addressed the concerns directly and created a platform for constructive feedback.

At the same time, teachers were encouraged to balance discipline with empathy, ensuring a supportive learning environment.

We ensured that the administration supported teachers by mediating between parental concerns and teaching requirements.

One significant challenge was managing fees. Many parents lost their jobs or businesses during that time, and we started receiving many applications for waivers and discounts. Understanding the scenario, our management decided to give a flat discount on the fees to all parents, and those who personally came up with their problems were also accommodated.

After a year-long lockdown, we faced a new set of challenges as students returned to school. Many children had absorbed a lot of unfiltered information from social media and other sources, leading to noticeable mental health issues. Physically, we saw students coming back with thick glasses and weight gain, almost as if they had been living in isolation. Their ability to interact with one another had diminished, and empathy seemed to be in short supply. In younger students, developmental delays became evident, while older students struggled with teamwork and collaboration after being away from group activities for so long. Separation and crowd anxiety became prominent issues. Alongside these, we observed a significant decline in social skills, poor articulation in speech, academic gaps, and a general lack of appreciation for teachers and schools. Most concerning, though, was the loss of key values like accountability, responsibility, and empathy. COVID created a wall between parents, students, and schools. Smooth functioning relies on multiple stakeholders working together authentically to educate children. The trust factor had vanished.

When the school doors reopened, we welcomed the children with open arms. Protocols were in place, but without the students, the school was merely a building. It's the hustle, the laughter, and the cheerful voices that truly bring a school to life. Despite the challenges ahead, we were ready to face them all with a smile.

One afternoon, as I started scrolling through my mailbox, my eye caught a complaint from a parent. This was a complaint from a mother. She wrote that while coming back from school, her son was singing a nursery rhyme *Johny Johny Yes Papa*, and a child from grade III told him that her child's actual name was Johnny Sins and also that he should not share this information with his mother as Johnny Sins was a bad man. The child went home and passed the given information to his mother. The mother did not know who Johnny Sins was, so she checked on the internet and was shocked to learn about him. She narrated the entire incident in her email. Prerna was sitting right across from me, and I asked her to Google Johnny Sins. The result stunned both of us. We were shocked to know that Johnny Sins was a porn star. What was more shocking was that this information came from a third-grader. We immediately called the father and shared the information with him. Even the father did not know who Johnny Sins was. I asked him to check it on the internet and when he did, his reaction too was similar to ours. He was completely traumatised. The child revealed that he had watched porn during the pandemic. The child's behaviour had shifted due to unwanted exposure. While we referred him to the school counsellor for support, the parents remained indifferent at home and did not collaborate with us, hindering progress.

Two years later, when the same child reached grade V, he once again shared inappropriate information about a female porn star, highlighting that he still had unrestricted internet access. We immediately informed the parents, but this time they were not receptive. Instead, they accused the school of falsely targeting their child and ultimately chose to withdraw him. I often wonder how he's doing now, as exposure to pornography can have a profound impact on a child's mental and physical well-being. It can disrupt their education and lead to issues like depression, isolation, and low self-esteem. Such exposure robs children of their innocence and affects their developing minds.

It is crucial for parents to recognise the importance of not providing a platform for unnecessary internet exposure. Implementing parental controls and regularly monitoring their child's online activities is a fundamental responsibility. While we acknowledge that the post-pandemic world has made technology an integral part of students' lives, it's essential to ensure that it is not just rationed, but used responsibly to protect their well-being.

Technology is meant to be a valuable asset in education, yet its misuse has significantly impacted societal norms. Many parents proudly showcase how their infants and toddlers are adept at using devices, without realising that virtual autism is becoming increasingly prevalent. Each year, the number of affected children rises, and if parents don't take their responsibilities seriously, this trend may spiral out of control.

The necessity of virtual learning pushed schools and teachers to master new technologies rapidly, ensuring the continuity of education despite physical barriers. Teachers emerged as unsung heroes, balancing household responsibilities and virtual classrooms, ensuring that the learning process continued unabated.

The pandemic inadvertently exposed children to inappropriate content online, highlighting the need for better parental controls and monitoring. The return to school post-lockdown revealed significant mental health challenges among students, emphasising the importance of support systems and counselling.

At present, parents must take an active role in monitoring their children's internet usage, ensuring a safe and responsible digital environment. While technology is integral to modern education, it must be used responsibly to avoid adverse effects on children's development and well-being. The pandemic affected the social skills, empathy, and collaboration abilities of children, necessitating focused efforts to rebuild these essential attributes.

The entire experience highlighted the significance of resilience and adaptability in facing unprecedented challenges, both for educators and students.

Chapter - 9

Byte-Sized Bullies and Keyboard Warriors

Bullying and cyberbullying are pervasive issues that have become increasingly common in today's digital age. While both forms of harassment share the intent to damage or threaten someone, they differ significantly in their procedures and environments. Bullying encompasses frequent hostile conduct aimed at offending another individual, either physically or emotionally. This type of behaviour is mostly observed in environments like schools, workplaces, or neighbourhoods. Bullies may physically hit, kick, push, or engage in verbal abuse such as name-calling and teasing. They may also spread rumours, embarrass their victims publicly, or exclude them from social groups.

Comparatively, cyberbullying takes place through digital platforms like emails, social media, and messaging apps to annoy, threaten, or humiliate someone. This includes sending offensive, rude, and insulting messages, spreading false information or hateful rumours, sharing someone's secrets, tricking them into revealing personal information, and purposely excluding them from social media groups. The advent of technology has undeniably brought numerous benefits, enhancing student's knowledge and providing access to various applications and resources. However, it has also become a constant source of cyberbullying, where negative conduct is enabled by the anonymity and far-reaching influence of digital platforms. Post-COVID, children have greater access to different gadgets and unmonitored internet, exacerbating the issue.

A recent case in our school highlighted the complexities of dealing with bullying and cyberbullying. One day, Meena, the school administrator, entered my office looking pressured. "Ma'am, Sona's father is asking for an appointment," she said. I nodded, giving my consent, and she scheduled the meeting for the next morning.

The following day, Sona and her father arrived at my office, visibly disturbed. "Good morning, ma'am," they greeted me, and I calmly acknowledged their greetings. Sona's father immediately started, "Ma'am, my daughter is being bullied by her classmates. A group of girls and boys have ostracised her in the class, making her feel left out, which is affecting her academic concentration. She has been complaining regularly about this treatment. Additionally, she is being trolled on social media, where classmates spread negative and false narratives about her."

"Could you please elaborate on this? What are these false narratives?" I inquired.

Sona hesitated, but after an assuring look from her father, she spoke up. "Ma'am, my classmates have spread rumours about my character on social media. Ashna has particularly made false allegations against me, putting me under the spotlight. Other boys in my class are promoting this. Ashna has even asked others to stop talking to me, and now, whenever I am in class, they make fun of me."

"Ma'am, my daughter has only one friend in the class. Nobody else talks to her. She is refusing to come to school. I request your help," Sona's father added, looking helpless. He showed me messages from classmates that were derogatory and inappropriate.

"Don't worry, Mr. Anil, I will look into the matter and get back to you. Please give me a day's time," I assured him, promising to investigate the situation.

The next day, I called Sona, Ashna, and the other students involved to my office. Upon inquiry, I discovered that Sona had manipulated the incident. A boy brought his phone and showed me the entire conversation, revealing that Sona had initiated the derogatory conversation. She had deleted her part of the conversation before showing it to her father. While discussing the matter, I noticed Sona mocking other students with her friend. I asked all of them to fill out the 'My Action Form,' including Sona.

The following day, I called Sona's father back to the school.

"Sir, I have investigated and found that all children are equally involved in the inappropriate conversations. I request you to monitor your child's social media activities closely. This is a very vulnerable age. Please ensure your child does not fall prey to negative influences online."

Initially, Sona's father seemed convinced. However, the next day, I received an email from him expressing his dissatisfaction. He felt that the school did not support his daughter adequately and accused us of shifting the blame to her. Consequently, he decided to transfer Sona to another school.

This incident underscores the complexity of addressing bullying and cyberbullying. Ensuring a comprehensive investigation before making any conclusions is crucial. All parties involved should be heard to get a complete picture. Maintaining open and honest communication with all stakeholders, including students and parents, is vital. Parental cooperation is essential, as they should be encouraged to trust the school's investigation process. Monitoring children's online activities is crucial to prevent such incidents.

Educating students about the responsible use of technology and the impact of their words and actions on others is necessary. Supporting and providing appropriate strategies, such as counselling, for pupils impacted by bullying or cyberbullying, can help alleviate the mental and psychological impacts.

Body shaming and colourism are specific forms of bullying that target individuals based on their physical appearance, particularly their body size, shape, or skin colour. These forms of bullying can have severe emotional and psychological impacts on victims. Body shaming involves criticising or mocking someone based on their body size, shape, or appearance. This can lead to a negative self-image, low self-worth, and increased risk of depression, anxiety, and eating disorders. Persistent dissatisfaction with one's body can lead to unhealthy behaviours.

Colourism refers to discrimination based on skin colour, often within the same ethnic or racial group. It leads to identity struggles, internalised racism, and social exclusion. Promoting body positivity and encouraging acceptance and appreciation of all body types is crucial. Challenging societal norms around beauty and redefining these standards can help combat body shaming and colourism.

Providing support systems, such as mental health support and safe spaces for individuals to share their experiences, is vital. Implementing anti-bullying policies and advocating for diverse and inclusive representation in the media can help address these issues. Parents and educators play a critical role in reinforcing positive behaviours and attitudes, ensuring that children grow up in an environment that values diversity and inclusion.

Pulling a child out of school and moving them elsewhere just because an investigation didn't align with expectations isn't the answer. Parents must recognise that this sends a message to the child that when things aren't in their favour, they should walk away. Instead, we need to instil in our children that running from problems doesn't solve them. it only makes them more vulnerable. True strength comes from facing challenges and learning to overcome them.

12
11
10
9
8
7
6
5
4
3
2
1

Chapter - 10

Escapades from Rule to Cool

Schools insist on following rules and instilling values in the day-to-day lives of students to nurture versatile and proficient individuals, preparing them to navigate uncertainties and challenges in their lives. Schools aim for their students to confidently contribute to humanity and spread positivity. Beyond academic accomplishments, schools emphasise holistic development and the cultivation of constructive attitudes and behaviours. Coming to school on time and following rules inculcates values such as responsibility, respect, and discipline, which are crucial for both academic achievement and individual growth.

One regular day, I was sitting in my cabin, going through the lesson plans of the teachers while sipping my green tea, a gift from Bhawna, my front desk executive. She knew I loved the lime lemon flavour and always brought a stock for me from her trips to South Africa.

Sonakshi entered my office, looking a bit disturbed.

"Ma'am," she said, sounding exasperated.

I looked up. "Yes?" I inquired, trying to gauge the reason for her irritation from her expression.

"Ma'am, a parent at the main gate is yelling at the security officer," she said.

"But why?" I asked, glancing at the clock, unconsciously knowing the reason for the yelling. It was 8:30 am.

"Ma'am, his son is late, and he is fighting with the security officer for not letting his son in," she said in one breath.

"Hold on. Is he a new parent?" I asked.

"No, ma'am. He is a fairly old parent at our school, and his son is in grade X."

"Did we share the rules circular with him?" I inquired.

"Yes, ma'am, he knows that the school begins at 7:45 am," Sonakshi replied, still sounding irritated.

"Then tell him to take the child back home and bring him tomorrow on time," I said, returning to the lesson plans.

"Ma'am, we have already told the father, but he is misbehaving. He is saying that since he regularly pays the fees and our salaries come from his money, his child will come to school at his convenience and at whatever time suits him." Now I understood Sonakshi's irritation.

"Well, in that case, tell the parent that tomorrow at 7:45 am, he, along with his son, should come and see me in my office. If he still misbehaves, tell him to wait outside. I will join him in 10 minutes," I said, still concentrating on the lesson plans.

"Yes, ma'am," Sonakshi said and left immediately.

A while later, Sonakshi returned with a cynical smile. "Ma'am, the parent has left, and he said that his child would come regularly to school from tomorrow."

Trust me, we encounter such incidents every day. Parents make weird excuses for their child's tardiness. They do not even shy away from claiming their parents are sick or sometimes even deceased. There is a child whose grandmother passes away every month, and the parent supports this by saying it was a cousin's grandmother. I wonder what that means!

But for sure, parents are navigating in the opposite direction of the school, confusing the child between right and wrong. It is often seen that these students have neither respect for the school nor the teachers.

I often tell parents that schools, like any other office, are run on certain rules and policies. We want our students to follow the rules because we believe that punctuality and adherence to rules teach students to value time and feel responsible. Students learn to respect schedules and commitments if they are punctual, which is an important skill, crucial in both educational and professional life. Punctuality and following rules create a positive atmosphere where everyone can learn and work without distractions.

We ask students to be punctual to ensure they do not miss important instructions, announcements, or key concepts in their class. This can significantly impact their understanding and overall academic performance. Students who respect and adhere to school rules prepare themselves for the expectations of the working world. Employers value employees who are punctual, follow rules and procedures, and contribute positively to the workplace environment. Developing the habit of punctuality and rule-following early in life sets a foundation for lifelong success. These habits extend beyond school into personal and professional aspects of life. Following rules and being on time requires self-discipline, a quality essential for achieving goals and managing time effectively.

Parents must understand that schools are just extensions of homes. We only reiterate what parents aspire for their children. Values are often best internalised through first-hand experiences and observations. For instance, a student might better understand the value of honesty not just by being taught about it, but by perceiving the magnitudes of both morality and untruthfulness in routine interactions.

Children learn values by observing the behaviour and activities of those around them: parents, teachers, mentors, and peers. When values are constantly confirmed through actions, they become more significant and impactful than when simply taught through words.

Additionally, the consequences of not instilling these values can be far-reaching. Students who do not learn the importance of punctuality and discipline may struggle with time management and accountability in their future careers. They may find it challenging to meet deadlines, respect workplace norms, or collaborate effectively with colleagues. In contrast, those who internalise these values tend to excel in various aspects of their lives, finding it easier to balance personal and professional responsibilities and maintain healthy relationships.

Furthermore, a collaborative effort between parents and schools can significantly enhance a child's educational experience. When parents support school policies and reinforce the same values at home, children receive a consistent message about the importance of these principles. This consistency helps children develop a clear understanding of expectations and reduces confusion about what is acceptable behaviour. It also fosters a sense of security and stability, which is crucial for their emotional and psychological development.

In today's fast-paced world, where distractions are plentiful and attention spans are short, teaching children the importance of focus, discipline, and adherence to rules becomes even more critical. These skills are not just about following orders but about developing the ability to prioritise tasks, manage time effectively, and make informed decisions. They are foundational skills that will serve children well throughout their lives.

When we ask students to cut their nails and hair, make plaits, or maintain their personal hygiene, they often consider it an infringement of their personal space.

Maintaining personal hygiene, including cutting nails and hair, is a critical aspect of a student's overall education and development. Schools emphasise these practices to promote health, safety, personal responsibility, social acceptance, self-discipline, and a positive learning environment. By fostering good hygiene habits, schools prepare students not only for academic success but also for a healthy and respectful life in society. Clean and comfortable students are more likely to concentrate on their work and participate actively in class. Proper hygiene helps minimise distractions related to discomfort or health issues, allowing students to focus better on their studies.

Moreover, schools play a pivotal role in providing a structured environment where children can practice these skills. The routine of arriving on time, attending classes, participating in activities, maintaining personal hygiene, and adhering to school rules mirrors the structure they will encounter in the workplace and society at large. It prepares them for the real-world, where punctuality, responsibility, and discipline are not just valued but expected.

Schools focus on holistic development beyond academics, emphasising responsibility, respect, and discipline to nurture well-rounded individuals. Parent's behaviour and attitudes at home significantly influence their children's values and behaviour at school. Consistent values between home and school prevent confusion and foster positive development.

Adhering to school rules prepares students for real-world expectations, teaching them the importance of punctuality, discipline and self-discipline.

Collaboration between parents and schools ensures that children receive consistent messages about values and behaviour, leading to better outcomes for their development.

Values are best internalised through first-hand experiences and observations, making the role of parents, teachers, and mentors crucial in shaping children's understanding of right and wrong.

A disciplined and punctual environment fosters a positive atmosphere where students can learn and grow without distractions, enhancing their overall educational experience.

School routines mirror workplace structures, preparing students for the expectations of punctuality, responsibility, and discipline in the real-world. Learning to prioritise tasks, manage time effectively, and make informed decisions are foundational skills that benefit children throughout their lives.

Chapter - 11

Equal Opportunity and Navigating Inclusivity

After COVID-19, the number of students with intellectual disabilities has increased. It is difficult and challenging to identify these disabilities at the time of admission because children's behaviours, such as moodiness, tantrums, or shyness, can be quite normal. However, once they are in the classroom, it becomes apparent that some children have special needs.

In a few days, teachers observe changes in behaviour indicative of special needs. These children have trouble with social cues, minimal eye contact, communication delays, repetitive behaviours, and difficulties with transitions or tantrums. They also show over- or under-reactivity to sensory inputs like noise or textures and struggle with coordination or fine motor skills.

Most of the time, parents are not receptive to the idea that their child might have special needs. As a mother, I understand how difficult it is to accept that your child's needs are different. While we, as educators, are empathetic and compassionate towards these children, parents of other children often show insensitivity towards them.

"Ma'am, Adit is running around in the class. His nose is always messy, and he keeps pushing other children," reported Anu, my Early Years Coordinator.

"He doesn't respond to the teachers and is always scratching or pushing others," she said.

Anu was an experienced and empathetic teacher, particularly sensitive to the needs of special children.

"Call Ajay and ask him to assess the child," I said.

"Ma'am, Ajay has already assessed him and believes Adit needs a psychological evaluation. He observed that Adit has difficulty in understanding and following instructions. He experiences hypersensitivity to sensory stimuli such as sounds, textures, lights, and smells. However, the parent is not receptive and blames the teacher for not handling the child properly," Anu explained, sounding helpless.

"Ask Ajay to counsel the parent. Knowing the disability will help us plan better strategies for the child," I said.

Anu agreed and left.

Shortly after, a nanny came running in, reporting that Adit had bitten another boy. I rushed to assess the situation. The boy was crying, with a red mark on his ear. Fortunately, the injury wasn't severe. I asked the teacher to take the child to the infirmary, and first aid was administered promptly. There was no bleeding, but redness indicated the reason for the child's pain. Nevertheless, the child settled and calmed down after a few minutes. The chocolate probably did the wonder.

I instructed Anu to inform both mothers about the incident.

While discussing new faculty requirements with HR, I heard yelling from the reception. We ran out to find the mother of the bitten boy, Ms. Chakraborty, in a rage.

"There is a disturbed child in my son's class. This school admits mentally challenged children who are a danger. My child is in pain!" she screamed, with everyone gathering around.

Anu, clearly distressed, explained, "Ma'am, she's the mother of the bitten child. She's uncontrollable."

I tried to calm her. "Ms. Chakraborty, your child is fine. See how composed he is."

"Have you seen his ear?" she yelled, insisting on the danger posed by the 'mad child'.

All this while, the bitten child was busy playing on the mobile provided by the parent, watching *Cocomelon*, the animated series on YouTube. These alphas are born into a world of advanced technology. They are exposed to smartphones, tablets, and smart devices from a very young age, making them the most tech-savvy generation. Yet, there is a growing emphasis on mental health and well-being due to unnecessary technological exposure.

"We will call the parent and find a solution," I reassured her. She seemed unmoved and threatened to withdraw her child if Adit remained. She went to the extent of threatening us with an FIR if it happened again.

But after regular reassurance, she settled and calmed a bit. She decided to take the child home on the assurance that action would be taken.

I asked Anu to set up an appointment with Adit's parents.

The next morning, Adit's parents were already waiting at the reception. After the morning routine, I invited them in.

Adit's mother handed me her phone, tears rolling down her cheeks.

"Ma'am, before you say anything, please read these messages from our parent group," she said.

Reading the messages, I felt immense empathy. The parents had exaggerated the incident, calling Adit names like 'mental' and 'retarded', and demanding his removal from school.

"Ms. Gupta, do you realise the importance of getting Adit assessed?" I asked, holding her hand. She was inconsolable. Sobbing, she nodded, giving me the relief that she was ready for the diagnosis.

"Mr. Gupta, the assessment will help us strategise our plan for Adit's benefit," I reassured them.

Ajay added, "Adit seems to have overstimulation concerns, struggling with sensory inputs. A proper diagnosis will help us tailor our strategies."

Mr. Gupta agreed to the assessment. Two days later, the results confirmed Adit had Sensory Processing Disorder (SPD) and that regular occupational therapy (OT) sessions would be beneficial for him.

We are a progressive school and are equipped with the latest resources and equipment. We have a well-equipped OT room with two passionate, well-trained, and experienced therapists, Manisha and Sonia.

Ajay called for a meeting with the therapists and assigned Adit to Manisha, who had more experience and had dealt with similar disabilities in the past.

She immediately began OT sessions with him.

I arranged a coffee session with kindergarten parents. Despite the low attendance, the session was fruitful. Along with Ajay, I sensitised them about special needs children, highlighting CBSE guidelines and why it was necessary to admit students with special needs in formal setups. I read out the guidelines to them, such as:

1. Inclusive Setup: Schools should ensure access to education in regular settings with necessary accommodations.

2. Tailored Curriculum: Adapt the curriculum to meet individual needs.

3. Special Educators: Availability of special educators, counsellors, and therapists.

4. Appropriate Infrastructure: Equip schools with the necessary facilities.

I stressed the importance of empathy and acceptance, explaining that discussing children's issues on public forums could have legal repercussions. I even sensitised them about the mental state of a mother whose child was being discussed on the open platform, and that too negatively.

The parents were made to understand the needs of society and the changing dynamics. They were made to realise that acceptance and empathy towards special needs children were necessary, as this seemed like the new normal, assuring them that their children would not be physically assaulted anymore and that we would take utmost care to ensure that Adit was escorted by an adult at all times.

The parents apologised to Adit's mother, though Ms. Chakraborty remained unmoved.

We continued working with Adit. A shadow figure was appointed for his class to monitor his behaviour.

Today, he is in class 4, showing remarkable improvement. This experience reinforced several important learnings.

We realised that educating and supporting parents is crucial in addressing children's special needs. Fostering an empathetic and inclusive school environment benefits all students. Utilising specialists like psychologists and therapists enhances support for special needs students.

By addressing these challenges with empathy and structured strategies, schools can create a supportive and effective learning environment for all students, especially for those with special needs.

• • •

Chapter - 12

The Invisible Struggle

It was a bright, sunny morning as Riya sat in her small yet cosy office, surrounded by the tools of her trade: stacks of books, a cluttered desk, and the familiar buzz of the school hustle and bustle. The sun's rays peeked through the blinds, casting a warm glow on the various certificates and accolades hanging on the walls. Riya, my coordinator, had dedicated nearly three decades of her life to education, and her passion for nurturing young minds was evident in every corner of her office.

Today, however, was different. She had an appointment with Mrs. Kapoor, the mother of Aarav, a bright but introverted child in grade V. Aarav's class teacher, Mrs. Singh, had requested the meeting after several attempts to reach out to Mrs. Kapoor had failed. The PECs were held on Saturdays, a day Mrs. Kapoor, a working mother, found impossible to manage.

Riya recalled the conversation she had with Mrs. Singh earlier in the week. "Riya ma'am, I'm worried about Aarav. He's such a sweet child, but he seems withdrawn lately. I've tried talking to Mrs. Kapoor over the phone, but she mentioned she's very busy on Saturdays. I'm not sure how to bridge this gap."

As Riya waited for Mrs. Kapoor, she pondered over the challenges working parents faced. The balance between professional responsibilities and being present for their children's academic needs was a tightrope walk many struggled with.

A gentle knock on the door interrupted her thoughts. Riya stood up, smoothing her saree, and opened the door to find Mrs. Kapoor looking slightly harried yet composed. She welcomed her in with a warm smile and offered her a seat.

"Thank you for coming, Mrs. Kapoor. I understand how busy you must be," Riya began, her tone gentle and understanding.

Mrs. Kapoor sighed, her shoulders relaxing slightly. "It's been hectic, Mrs. Sharma. Between work and managing everything at home, Saturdays are my only day to catch up. I know Aarav needs my attention, but it's been tough."

Riya nodded empathetically. "I completely understand. We want to support Aarav in the best way possible, and your involvement is crucial. I'm aware you were upset that only Mrs. Singh contacted you. I apologise if it seemed like the other teachers were not involved. We're all here to help Aarav, and sometimes it's easier to have a single point of contact to avoid overwhelming parents with too many calls."

Mrs. Kapoor looked thoughtful. "I appreciate that, but I still feel disconnected. I want to be involved, but the timing of these conferences makes it so difficult."

Riya leaned forward, her eyes earnest. "What if we found a way to meet your schedule? Perhaps we could arrange virtual meetings or phone calls at a time that suits you better. We could also send regular updates via email, so you're always in the loop about Aarav's progress."

Mrs. Kapoor's eyes brightened slightly. "That could work. I just want to ensure Aarav is getting the support he needs, even if I can't be physically present all the time."

Riya smiled, relieved to see a potential solution forming. "Absolutely. Aarav is a wonderful child, and together, we can create an environment where he thrives. We can also involve more teachers in these communications so you get a comprehensive understanding of his progress."

Mrs. Kapoor nodded, her expression softening. "That sounds like a good plan. Thank you for understanding and being flexible."

As the meeting drew to a close, Riya felt a renewed sense of purpose. The challenges of modern education were many, but with empathy, flexibility, and a willingness to adapt, she believed they could bridge the gaps between parents and educators. She walked Mrs. Kapoor to the door, feeling hopeful for Aarav's future.

"Thank you, Mrs. Kapoor, for your dedication to Aarav. We're in this together," Riya said warmly.

Mrs. Kapoor smiled, a weight seemingly lifted from her shoulders. "Thank you, Mrs. Sharma. I feel much better knowing we have a plan."

As Riya returned to her desk, she reflected on the importance of collaboration and understanding in education. Each child's journey was unique, and so were the challenges their parents faced. It was a reminder that, sometimes, the simplest solutions came from listening and adapting to each other's needs. And in that moment, Riya knew they had taken a significant step towards ensuring Aarav's success.

It is important to be flexible to accommodate the needs of parents. By suggesting virtual meetings or alternate communication methods, schools demonstrate adaptability, which is crucial in modern education.

The need for effective communication between parents and educators is essential.

If we are able to understand the busy schedule and address the challenges faced by working parents, the trust of the parents in the institution is enhanced. Trust is fundamental in fostering a positive and supportive educational environment for children.

We must reinforce the idea of collaboration between parents and educators, as it can significantly benefit the child's academic and personal growth.

We understand that parental involvement plays a crucial role in a child's education, and if schools are able to find ways to facilitate it, it works best for the development of the child.

Empathy and patience are the qualities that can lead to constructive solutions and stronger relationships.

· · ·

86.2 kg

Chapter - 13

Experience in Reverence

In the bustling city of Noida, nestled between multi-storeyed buildings and lush green trees, stands my Senior Secondary School. My school is known for its dedicated teachers and engaged parents, forming a close-knit community focused on nurturing young minds.

Rohit, a seasoned educator with a 4-year tenure at my school, was known for his firm yet fair approach to teaching. He believed in maintaining discipline and holding his students accountable, values he deemed essential for their development.

One sunny afternoon, during recess, he noticed young Saksham, a mischievous but bright ninth-grader, teasing another child for being heavy and dark. Upset by this behaviour, Rohit decided to address the issue immediately.

"Saksham, come here right now!" he called out, his voice carrying across the corridor. The other children fell silent, watching as Saksham shuffled over. "This behaviour is unacceptable. You will apologise to your classmate right now and spend the rest of recess outside sitting alone in your class," he said sternly, his voice echoing through the closed brick walls.

Saksham, embarrassed and on the verge of tears, apologised and spent the remainder of the break sitting alone in his class.

Rohit, though, did not summon him to my room ensured that he did not receive the same attention from his peers.

Word of the public scolding quickly reached his father, Mr. Tiwari, a well-known local businessman with a reputation for being overprotective of his son.

That evening, Mr. Tiwari, seething with anger, drafted an email and sent it to me. It said, "How dare a teacher publicly humiliate my son? Tomorrow, I will come to school and give Rohit a taste of his own medicine. It would be publicly."

The email garnered attention, with some parents marked under CC, supporting Mr. Tiwari's outrage and others defending Rohit's actions. I, as an educator, caught wind of the brewing conflict and decided to intervene before the situation escalated.

The following morning, as parents dropped off their children, Mr. Tiwari marched into the school, his face set in a determined scowl. Anticipating his arrival, I met him at the entrance.

"Good morning, Mr. Tiwari. I understand you're upset. Let's discuss this in my office," I said calmly.

Reluctantly, Mr. Tiwari followed me. Once inside, I began, "I've seen your post. I understand you're angry, but let's find a constructive way to resolve this."

Mr. Tiwari, still fuming, retorted, "My son was humiliated! I want Rohit sir to understand how it feels to be publicly scolded. I am going to shout at him in front of everyone."

I nodded, acknowledging his feelings. "Please calm down. Let's hear from Saksham first. Can you bring him in?" I asked Preeti, the nanny, to bring the child to my room.

Saksham, who had been waiting outside, entered hesitantly. He glanced at his father, then at me, before looking down at his shoes.

"Saksham," I said gently, "can you tell us what happened yesterday?"

Saksham recounted the incident, his voice trembling. "I was teasing another child for looking fat and dark. Rohit sir told me to stop and apologise."

"Do you think it is good to body shame someone and call them names? Do you understand that bullying is an illegal act and there are strong repercussions for it?" I asked.

"I am sorry, ma'am. When sir asked me to apologise, although I apologised, I didn't like it, though deep down I knew I was wrong."

"I am glad that you realised your mistake, and I expect you to be more mindful and responsible next time. Before calling out names, just put yourself in the other child's shoes," I said, ensuring that the child realised his mistake.

Mr. Tiwari's expression softened slightly upon hearing his son's admission.

I turned to Mr. Tiwari. "Saksham acknowledges his mistake. Rohit, sir, addressed it publicly because the incident happened publicly. However, I agree that he could have found a more sensitive approach."

I continued, "Let's bring in Rohit, sir."

Rohit entered the office, looking composed yet concerned.

"Mr. Tiwari, I apologise if my approach was too harsh. My intention was to correct the behaviour and not to humiliate Saksham. I had to stop him because his teasing was turning out to be an act of bullying as body shaming and colourism. These could have turned out as racism," he clarified.

Mr. Tiwari, now calmer, replied, "I appreciate your apology. I was upset seeing my son hurt. We need to find a way to address these issues without public embarrassment."

I proposed a solution, "Let's work together on a disciplinary approach that respects both the student's dignity and the need for accountability. Perhaps involving parents in these discussions could help."

Mr. Tiwari agreed, and Rohit nodded, grateful for the opportunity to improve. The meeting ended with a handshake and a newfound understanding between the parties involved.

From that day on, we have adopted a more collaborative approach to discipline, involving parents in the process and ensuring that corrections are made respectfully. The incident became a turning point, reinforcing the values of respect and empathy within the school community.

It is important to communicate and collaborate with parents, ensuring that disciplinary actions are handled with respect and understanding.

Clear and open deliberations between parents, teachers, and school administration are essential in resolving encounters and misinterpretations. Addressing matters with serenity and practicality can lead to more constructive conclusions compared to reacting out of resentment.

Schools must take the time to comprehend diverse viewpoints that help in finding a reasonable and sensible solution. I have often seen that both the teacher's intention and the parent's concern are valid in most situations; it's only how we address them. Involving the stakeholders in the discussion nurtures a sense of community and shared accountability. By working hand-in-hand, parents and teachers can develop more effective and reverent corrective approaches.

Collaboration and cooperation endorse a more supportive environment for the child's development and learning.

Addressing problems with deference and compassion is crucial. Overtly amending a child's conduct can have a lasting impact on their self-esteem, so it's important to handle similar situations with compassion and sensitivity.

The prime aim of disciplining a child should be to improve his behaviour while ensuring that his dignity is not infringed. We should look for unconventional approaches to resolve behavioural issues without public humiliation and embarrassment.

It is important to understand that being open to change and willing to accept and adopt approaches based on feedback is necessary for the growth and enhancement of an institution. We should be flexible in handling concerns related to discipline and establishing clear guidelines can lead to more effective and impactful conclusions.

Chapter - 14

A Lesson in Understanding

It was a bright sunny winter day. The sun was peeking through the lush green trees, spreading its rays in the classrooms, spreading its warmth. The school was on its regular routine. Teachers were moving from class to class to take their slots.

I was in a light mood, laughing over a personal joke with Palak, my Primary Coordinator.

Suddenly, Riya walked into my room with a slightly worried face.

"Come on, Riya, join us," I said, ignoring her worried look, expecting that some teacher must not have submitted the lesson plan to her. Mostly, she is upset when she doesn't get the lesson plans or question papers in time.

"Ma'am, just wanted to inform you that Arti's father called me yesterday evening and was fuming with anger. He has sent an email to you," she sounded genuinely worried.

"Something went wrong?" I asked.

"Ma'am, yesterday's case, Arti's incident with Aparna Ma'am," she said, trying to make me recall the incident.

I suddenly remembered Arti. Arti enrolled in our school a few years ago and was very low in confidence. Teachers had hardly heard her speak, although she was academically bright.

A day before, overwhelmed by her insecurities, Arti lashed out at the teacher Aparna while she came to escort the class to the dance room during the activity slot. As she lashed out, other children started laughing. The teacher, Aparna, intervened and scolded Arti for her behaviour, hoping to correct her and maintain a peaceful classroom environment.

The child started crying. Aparna pacified her, hugged her, and very calmly counselled her, knowing about her low confidence.

"Let me check my mailbox. Have a seat." I wanted her to relax.

Arti's father was deeply upset upon hearing about the incident. He swiftly wrote an extensive email to me, expressing his outrage over Aparna Ma'am's actions. He demanded a meeting.

I wrote to him in my reply that he could meet me the next morning as I had an event lined up. Arti's father did not wait, and after about an hour, he was at the reception, insisting on meeting me even though he had read my reply to the mail. Sonakshi came to apprise me of his presence and his mood. I asked her to send him inside my room.

I greeted Arti's father with a *Namaste*. As expected, he was fuming with anger. I offered him a seat and started deliberating with him over the issue.

"I read your mail, sir, and I understand you have your concerns about what happened with Arti."

"Concerns?" His face reddened with anger. "My daughter was humiliated by her teacher! Aparna Ma'am should be here right now, clarifying her actions!"

I remained calm. "Sir, I understand your frustration. However, it's important that we handle this matter appropriately. I've set up a committee to investigate the incident thoroughly."

"A committee?" he scoffed. "Committee for what? You think my child is a criminal? I know what your committee will do to my child. I do not trust you people. This is simple! She humiliated my daughter. She should be punished." His language was harsh, but we kept our cool.

"Please, Sir," I said, maintaining my composure. "Let's allow the committee to do its job. This will ensure fairness for everyone involved, including Arti."

During this meeting, he ardently insisted that Aparna Ma'am be summoned so he could reprimand her directly. He even went as far as to label her as inhuman and insensitive, insisting she should be behind bars for humiliating his daughter.

Understanding the gravity of the accusations and the need for a fair investigation, I chose not to call Aparna Ma'am immediately. Instead, I assured him that a thorough inquiry would be conducted.

To ensure impartiality, I set up a committee comprising two teachers, one senior student, and few parents.

The committee consisted of two teachers, Riya Ma'am and Ajay Sir; a senior student, Alisha; and two parents, Mrs. Gupta and Mr. Gupta. They convened in the library, ready to uncover the truth.

"Let's start by hearing from Aparna Ma'am," suggested Mr. Gupta.

Aparna Ma'am explained the situation. "Arti was upset and lashed out at me while I was there to escort the class to the dance room. I had to step in to discipline her. But after she calmed down, I comforted him. I care deeply about my students and want them to learn from their mistakes."

Alisha, the senior student, nodded. "I've seen Aparna Ma'am handle similar situations before. She's always fair."

Next, they spoke with the student Priya who was in Arti's class and was present when she had lashed out at Aparna. "Arti was really angry," the student said. "But Aparna Ma'am handled it well. She made sure she was okay too."

The committee took its task seriously, investigating the incident meticulously. They interviewed students, reviewed Aparna Ma'am's conduct, and considered all sides of the story. Their findings revealed that Arti had indeed misbehaved, and Aparna Ma'am had responded appropriately. In fact, it was discovered that she had consoled Arti when she was crying after the incident, demonstrating her care and concern.

The next morning, Arti's parents were called in again. As I called them into my room, Arti's father started pacing the floor. I asked him to take a seat and feel comfortable.

He sat down, but his frustration was evident.

I said, "The committee has finished its investigation. Let's hear their findings."

The committee members were already waiting in my room for Arti's parents to join us.

Mrs. Gupta spoke first. "Good morning, everyone. After a thorough investigation, we've concluded that Aparna Ma'am acted appropriately. She disciplined Arti when necessary and later comforted her."

Arti's father stood up abruptly. "This is outrageous! You're all just protecting each other."

Mrs. Gupta spoke up again, "Sir, I understand your concern as a parent. But the investigation was fair. We all want what's best for our children."

"If Aparna Ma'am was not at fault, then why did the principal not let me meet her?" he was furious.

"Sir, if someone from outside asks to confront your daughter, would you agree? And trust me, Principal Ma'am would not let this happen with your child as well," Mrs. Gupta said.

Arti's father did not respond.

"Sir, for the principal, her teachers are also like her children. How can she allow you to meet Aparna Ma'am and humiliate her while she knew that you were angry and were calling all sorts of names?" Mrs. Gupta continued. "We must understand her position as well, and as parents, we must trust the school and the school policies."

Arti's father didn't seem to budge.

Despite the committee's clear and fair findings, Arti's father was initially dissatisfied, refusing to accept that his daughter was at fault and accusing the school of bias.

However, when I offered him the opportunity to call in an independent party to verify the investigation, he reconsidered. Realising the fairness and thoroughness of the process, he eventually accepted the committee's conclusion and apologised for his harsh accusations.

After a moment of silence, Arti's father sighed. "Alright. I believe you. I just want Arti to feel safe and supported."

"Of course, that's our motive as well. We want all our children to feel safe and respected in our school. At the same time, we want our teachers to feel respected. Calling them inappropriate names and accusing them for their valid actions is unacceptable as it is their duty to discipline the students."

Arti's father realised his mistake and apologised for his behaviour and actions.

Often, it has been observed that a parent's over-expectation and over-possessiveness can harm a child's self-esteem and confidence. It's important for parents to set realistic expectations and provide unconditional support.

Moreover, parents should trust the school's processes and work collaboratively with educators. It's crucial to approach conflicts with an open mind and ensure that all sides are heard fairly.

Teachers also play a critical role in guiding and supporting students, even when disciplining them.

Through this experience, the school community learned the power of fair investigation, the importance of constructive dialogue, and the need for mutual respect and understanding in fostering a supportive environment for all students.

Chapter - 15

The Tale of Two Faces

My school, in the vicinity, stands as a beacon of education and community. The school is known for its connection and the picturesque setting that has made learning a delightful experience. However, not everything is as perfect as it seems on the surface.

Among the parents of our school are Mr. and Mrs. Khan. They are known for their meticulous nature and high expectations. Every morning, as they drop off their daughter, Lily, they linger by the school gate, engaging other parents in hushed conversations. You can feel the delight in their conversation when she is criticising.

One day, a teacher, Ms. Payal, was waiting for an autorickshaw outside the gate. She had requested early dispersal as her son was not well. She saw Lily's mother, Mrs. Khan, standing in a group with other mothers. Mrs. Khan had not noticed Payal.

"Did you see the homework they sent yesterday?" Mrs. Khan started. "I can't believe they didn't include more math problems. How will the kids ever get ahead? I feel the teachers of this school are very lethargic. There are children in my society who are from other schools, and their mothers often share that the teachers from their children's schools are very active and smart."

"And the play area," Mrs. Raina, Dhruv's mother, who studies in class IV, added, shaking her head. "Did you notice that the paint of the swing is falling apart? I think the school could add some new equipment." She laughed, mocking the school, "I think the old swing set from my society is in better shape than these school swings."

"Absolutely, even the playground is so small; I don't know why the hell I decided on this school. I pity my poor child for not being able to run around properly," Mrs. Khan said, squeezing her nose.

Other parents, swayed by Khan's criticisms, also nodded in agreement, adding their own grievances to the mix. The morning drop-offs and afternoon pick-ups became a daily session of complaints and criticisms about the school's shortcomings.

The next morning, Payal narrated the entire incident to me. I asked her to ignore it as I knew they were used to such spiteful talks and would never approach us directly.

However, I was also aware that when it came time for parent-teacher conferences or meetings with the principal, Mrs. Khan's demeanour would undergo a dramatic transformation.

One afternoon, Mrs. Khan and Mrs. Raina happened to meet me at the reception.

"Hello ma'am, we just wanted to say how much we appreciate everything you're doing for the school," Mrs. Khan gushed a wide smile on her face, addressing me.

"Absolutely," Mrs. Raina chimed in. "Dhruv is thriving here, and it's all thanks to the wonderful environment you've created. It's like Hogwarts from the *Harry Potter* movie, but of course without the magical wands," she said, trying to please me.

Had it been any other day, I would have been pleased with the positive feedback and would have thanked them warmly, but I was aware of Mrs. Khan's and Mrs. Raina's double standards.

This charade continued for months, with the Khan leading the charge of criticism outside the school gates, yet singing praises in front of the school administration. However, their duplicity was bound to catch up with them someday.

One fine day, during a particularly heated discussion about the school's policies at a coffee morning meeting, another parent, Mr. Jamwal, who had grown tired of the constant negativity, decided to speak up.

"I think it's time we address certain things that have been bothering me," he began, adjusting his glasses dramatically. "We all want the best for our children, but I've noticed that some parents have been very critical of the school in private, yet very complimentary in public. This is hypocrisy."

The room fell silent, with many parents exchanging uneasy glances. Mrs. Khan and Mrs. Raina shifted uncomfortably in their seats.

"It's important to voice our concerns," Mr. Jamwal continued, "but it should be done constructively and directly with the school administration, not just among us. If we want change, we need to work together honestly."

The class teacher, Meenakshi, who had been listening intently, nodded in agreement. "Mr. Jamwal is right. We're here to support each other and ensure the best for our children. If there are issues, I want to hear them directly so we can address them."

Feeling exposed, Mrs. Khan exchanged looks with Mrs. Raina.

"What do you mean?" said Mrs. Khan, giving a glaring look to Mr. Jamwal. "We discuss things only for the benefit of our children."

"I agree that we want the best for our children, but then it's better to talk to the authorities rather than discuss among ourselves. We always knew the size of the ground when we took admission, so why crib now? If you have issues and concerns related to academics, you can always discuss them with the headmistress or the principal. This school has always promoted an open-door policy and is always available for constructive feedback and concerns. If we have some, I think we should address them here instead of maligning the school's reputation," argued Mr. Jamwal.

Mrs. Khan finally spoke up. "You're right. We have been talking about issues among ourselves rather than bringing them to the right people. We apologise for that."

Mrs. Raina added, "We didn't mean to undermine the school's efforts. We'll make sure to communicate more effectively moving forward."

Just then, Mr. Jamwal, with a mischievous glint in his eye, said, "Well, now that we're all being honest, who else thinks the cafeteria food tastes like cardboard? Or is it just me?"

The room erupted in laughter, breaking the tension. Another parent, Mrs. Gita, chimed in, "My son says the spaghetti has the consistency of shoelaces!"

Even I, who was discreetly listening to the conversation, couldn't help but chuckle, interrupting them and taking them by surprise. "Alright, alright, I think we can put a little more effort into the cafeteria menu too."

This moment of honesty and humour opened the door for other parents to share their thoughts constructively.

The coffee morning meeting eventually transformed into a productive discussion, with parents and school staff collaborating on solutions to improve the school environment.

Parents must understand that scandalmongering, gossiping, and not discussing the issues can have a negative impact on children.

Children who hear their parents talking negatively about their school or teachers feel anxious, confused, and distressed. They might develop trust issues, fearing that others might talk negatively behind their back as well.

As I mentioned, parents are role models for their children; therefore, children too might adopt similar behaviour, which could impact their mental well-being. There are possibilities of them having a toxic attitude.

Also, not discussing issues with relevant authorities will lead to unresolved and unsolved problems, and this might result in a lack of trust and respect for the school among children. When a child doesn't respect the school and the teachers, the learning stops immediately.

Hence, have faith in your child's school and its policies, trust the teachers, and create a positive environment all around.

Chapter - 16

A Lesson in Compassion

We are known for academic excellence, but also for the deep sense of community and moral values that we instil in every student. Known for our progressive approach to education and empathetic attitude towards the desires of the students, I, as the head of the school, have earned the respect and admiration of the entire school community. I have always tried to create a nurturing environment where students feel valued and understood.

One sunny afternoon, the harmonious atmosphere of my school was disrupted when I personally received a message from a concerned parent. The message contained a screenshot of an Instagram post that was rapidly gaining attention among the students. The post, written by Akshay, a bright but impressionable student, contained derogatory remarks about me and my son.

Akshay had been reprimanded by a teacher earlier for repeatedly violating school rules and faced repercussions for the same. He was warned to be taken to the head's office, and in a bid to gain validation from his peers, he lashed out online, believing that negative behaviour would make him appear rebellious and cool. The Zen generation seeks validation from peers and alternatively resorts to escapism from real-life problems rather than addressing them directly.

Akshay's post quickly became the talk of the school. Some students found it amusing, while others were shocked by the audacity of his words. I felt deeply saddened by the personal nature of the attack.

I felt a mix of disappointment and concern for Akshay, a student with great potential, who seemed to be losing his way.

Determined to address the issue directly, I summoned Akshay and his parents to my office the next morning. He arrived with his parents, a mixture of defiance and fear evident in his posture. He expected the worst expulsion or severe punishment. His parents, visibly distressed, braced themselves for the impending confrontation.

As they entered the office, I greeted them with a calm and welcoming demeanour. "Thank you for coming," I said, gesturing for them to sit. Akshay's defiance wavered under my steady gaze.

"Akshay," I began gently, "I understand that you were upset when you wrote that post. But I want you to see the impact of your words." I handed him my phone with a screenshot of his Instagram post. His face flushed as he read the hurtful comments he had written.

Tears welled up in his eyes, and he looked down, unable to meet my gaze. "I'm so sorry, Ma'am," he stammered. "I didn't mean it. I was just angry and humiliated, and I thought that by posting my feelings on social media, I would gain the attention of my friends, and the post would impress them."

I nodded, my expression softening. "I appreciate your honesty, Akshay. I know you're a good student, and it pains me to see you act this way. But I also understand the pressures you face to fit in and be accepted."

Akshay's parents, who had been holding their breath, listened intently. They had been prepared for a harsh reprimand but were now witnessing a different approach.

"Akshay," I continued, "I want you to know that I forgive you. If my own son had done something like this, I would have eventually forgiven him because he is my child. And I consider all my students as my children. So, I am excusing you, just as I would excuse my own son."

Akshay couldn't believe what he was hearing. He had expected punishment, not compassion. My words struck a deep chord within him, and he realised the magnitude of the kindness and understanding. Overwhelmed with emotion, he broke down in tears, feeling a mixture of relief and remorse.

I reached out and placed a comforting hand on his shoulder. "You have the potential to be a great person, Akshay. I believe in you. Let this be a lesson, not just a punishment. Learn from this experience and strive to be the best version of yourself."

Akshay's parents were moved by my compassion and thanked me for my understanding. As they left the office, Akshay felt a weight lifted off his shoulders. He was determined to prove himself worthy of my trust and forgiveness.

In the days that followed, Akshay underwent a remarkable transformation. He started paying more attention in class, participating actively in school activities, and showing respect towards his peers and teachers. His quest for validation shifted from seeking superficial approval to earning genuine respect through his actions and character.

His turnaround did not go unnoticed. His peers, who had initially encouraged his rebellious behaviour, began to see him in a new light. They admired his courage to admit his mistake and his determination to change. Some even followed his lead, understanding that true coolness lay in integrity and kindness, not in mocking others.

One particular incident highlighted Akshay's newfound maturity. During a group project, a fellow student, Julie, was struggling to contribute effectively due to personal issues at home. Instead of ignoring or mocking Julie, as he might have done in the past, Akshay reached out to her. He offered help, patiently explained the tasks, and even took on extra work to ensure the project was completed successfully. This act of kindness and leadership further cemented his new reputation among his peers.

I observed these changes with quiet satisfaction. I knew that my decision to forgive Akshay had been the right one. It reaffirmed my belief in the power of empathy and second chances. I continue to foster a school environment where students feel safe to admit their mistakes and learn from them.

Today, I am proud of Akshay and his transformation. I have seen in him the fulfilment of my educational philosophy. I always believed that all students, no matter how lost they seemed, had the potential to find their way with the right guidance and support. Compassion had turned a moment of conflict into a lifelong lesson in empathy and redemption.

At the Investiture ceremony, Akshay was invited to give a speech. Standing at the podium, he recounted the story of his misstep and my forgiveness. "Principal ma'am taught me that true strength lies in kindness and understanding," he said. "Her belief in me changed my life, and I hope to carry forward her legacy of compassion and integrity."

The audience, including myself, gave him a standing ovation. It was a moment of triumph and validation for students and teachers, a reminder that the seeds of compassion sown in moments of conflict could yield a lifetime of growth and positive change.

Chapter - 17

Bullying and Reprisal

The corridors of our school are usually filled with the sounds of laughter, chatter, and the occasional scuffle, typical of any educational institution. However, there was an undercurrent of tension that had been growing over the past few weeks, centred around a student named Arman. Despite multiple warnings, Arman had been persistently spreading religious rumours and instigating others to follow his beliefs, often bullying students from other communities.

Teachers had repeatedly spoken to Arman about his behaviour, but he seemed undeterred. One day, a particularly alarming incident occurred. During a routine check, a teacher found Arman in the corridor, bullying a group of younger students, all in the name of his religion. The scene was disturbing, and it was clear that his actions were escalating.

Arman was immediately brought to my office. As the principal, I had dealt with numerous disciplinary issues, but this one felt particularly sensitive and urgent. I knew I needed to address it firmly. I called Arman's parents, hoping to find a resolution with their support. His mother arrived first, visibly distressed and exhausted.

"Mrs. Henna, thank you for coming at such short notice," I began, offering her a seat. "We need to discuss Arman's behaviour. It has become a serious issue, and today's incident is particularly concerning."

She nodded, her eyes welling up with tears. "I know, principal. He has been difficult at home too, always arguing and trying to impose his beliefs on others. I don't know what to do anymore."

After a long discussion, we agreed that a suspension might be the only way to make Arman understand the gravity of his actions. We decided on a one-week suspension. Mrs. Henna reluctantly agreed, hoping that this would serve as a wake-up call for her son.

The suspension period included three holidays, so effectively Arman would miss only a few days of school. We communicated the decision clearly to both Arman and his mother. Arman, though visibly upset, seemed to grasp the seriousness of the situation.

A week later, when Arman's suspension was over, both his parents came to meet me. To my surprise, the atmosphere was charged with hostility. The father, who had not been involved in the initial decision, appeared particularly agitated.

"This suspension is outrageous," Arman's father began, his voice loud and accusatory. "You had no right to punish my son without my consent. We are here to demand an explanation."

I tried to remain calm and professional. "Mr. Rana, your wife and I discussed this matter thoroughly. We believed that a suspension was necessary to address Arman's behaviour, which has been harmful to other students."

Mrs. Henna, who had been supportive of the suspension earlier, now sided with her husband. "I didn't realise it would be this serious. Arman's education is important, and missing school is not the solution."

I felt the situation slipping out of control. Mr. Rana's voice grew louder, filled with anger. "This is unacceptable. You have no idea who you're dealing with. Do you understand how revengeful these young children can be? Don't blame us if something happens tomorrow."

The threat was clear, and it sent a shiver down my spine, but I still answered calmly, "Mr. Rana, we are all travellers here and have to perform our duties while on travel. If something has to happen, then nobody can stop it. My only motive is to give the right values to my students. Despite the threat, I will not stop from trying." I tried to reason with them, but they stormed out of the office, leaving an air of unresolved tension.

A week passed after this heated confrontation, and just as things seemed to be settling down, I received a threatening email from an anonymous sender.

The memory of Mr. Rana's threat was fresh in my mind as I discussed it with my director. Although nothing exactly happened, the sense of security we had worked so hard to build was shattered.

In the aftermath of the hoax mail, I sat in my office, reflecting on the events that had unfolded. It was clear that the threat was likely connected to the incident with Arman and his parents. The situation had escalated far beyond a simple disciplinary action, revealing deep-seated issues and the potential for serious repercussions.

As I pondered the lessons learned from this experience, I realised the importance of handling such sensitive matters with even greater care. The suspension, while necessary, had triggered a chain of events that endangered the entire school community.

I decided to call a meeting with the school staff to discuss the incident and its implications. We needed to ensure that our approach to discipline, especially in cases involving sensitive issues like religion, was handled with utmost care and sensitivity.

The staff gathered in the conference room, their faces reflecting a mix of concern and determination. I began the meeting by recounting the events leading up to the hoax mail, emphasising the need for a balanced and sensitive approach to discipline.

"Arman's behaviour was unacceptable, and we needed to take action," I said, looking around the room. "But we also need to consider the broader implications of our decisions. The safety and well-being of our entire school community depend on it."

One of the teachers, Mrs. Patel, raised her hand. "Ma'am, what should we do differently in the future? We can't let such behaviour go unchecked, but we also need to avoid escalating situations."

I nodded, appreciating her question. "We need to ensure that our disciplinary measures are coupled with counselling and support for both the student and their family. Involving parents in a constructive way is crucial, but we must also be prepared for resistance."

Another teacher, Mr. Gupta, added, "And we need to educate our students about tolerance and respect for all religions. This isn't just about discipline; it's about creating a culture of acceptance."

We agreed to implement a comprehensive approach, combining strict disciplinary measures with counselling and educational programmes. We also strengthened our communication with parents, ensuring they understood the reasons behind our actions and the importance of their support.

Despite the recent confrontation, I knew it was essential to reach out to Armans's family once more. The threats and the hoax mail had to be addressed, and we needed to find a way to move forward constructively.

I called Mrs. Henna, hoping for a more conciliatory conversation this time.

She was hesitant at first but agreed to meet. When she and her husband arrived, the tension was palpable, but I was determined to find a resolution.

"Mrs Henna, I would like to discuss how we can support Arman moving forward. The recent events have shown us that we need to work together more closely," I spoke.

"Mr. and Mrs. Rana, I understand your frustration and anger," I began. "Our goal is not to punish Arman but to help him understand the impact of his actions and to support him in making positive changes."

Mr. Rana still seemed skeptical, but Mrs. Henna appeared more open to dialogue. "What do you propose?" she asked.

"We would like to offer counselling for Arman, both within the school and with an external professional. Additionally, we want to work with you to ensure he understands the importance of respecting all students, regardless of their religion."

Mr. Rana remained silent, but his expression softened slightly. Mrs. Henna nodded, her eyes reflecting a mix of hope and worry. "We will try, Ma'am. We just want what's best for Arman."

The weeks that followed were challenging but marked by gradual progress. Arman began attending counselling sessions, both at school and externally. We also initiated a series of workshops and activities focused on promoting tolerance and understanding among our students. Arman's behaviour transformed significantly as the parents embraced the lessons of inclusivity. With their newfound understanding, he became more engaged and cooperative, fostering a sense of belonging among his peers. This positive shift highlighted the impact of supportive environments on children's social and emotional development.

The school community slowly began to heal from the trauma of the hoax mail. Students and teachers all worked together to rebuild the sense of security and trust that had been shaken.

One day, Arman came to my office, accompanied by his counsellor. He looked different—more subdued, thoughtful. "Ma'am, I wanted to apologise for my behaviour. I understand now how wrong I was, and I'm sorry for the trouble I caused."

His words were sincere, and I felt a sense of relief. "Thank you, Arman. Apologies are the first step, but the real change will come from your actions moving forward. We are here to support you."

The incident with Arman and the subsequent hoax mail was a stark reminder of the complexities of school administration. It highlighted the delicate balance between discipline and support, the importance of involving parents constructively, and the need for a safe and inclusive school environment.

Through it all, we learned that building a strong, resilient community requires not only firm action but also empathy, understanding, and a commitment to continuous improvement. It was a difficult journey, but one that ultimately strengthened our resolve to create a safe and nurturing environment for all our students. Moreover, regular counselling sessions and workshops with the students served as the turning point as we could sense that children had become more tolerant and had started accepting each other without any prejudices.

Chapter - 18

The Bomb Hoax - A Test of Resilience

The early morning tranquillity of Delhi was shattered by a chilling announcement on every news channel. "Bomb hoax in all Delhi/ NCR schools," the headlines screamed, sending ripples of panic across the city. The usually bustling streets of the capital were suddenly filled with anxious parents, many of whom began frantically calling the schools where their children were enrolled. Our school was no exception as we understand that parents are concerned for their children.

At 9:00 am, just as the school day was beginning, our phone lines started buzzing with calls from worried parents. One particularly anxious father managed to get through first. His voice was a mix of fear and desperation as he asked if everything was fine at our school.

We assured him that no such threat had been reported here. To further alleviate his concerns, we quickly turned on the television in the administrative office, scanning through the channels for any updates. Fortunately, there was no specific mention of our school. With prompt efficiency, we sent out a notification to all the parents, reassuring them that their children were safe, and we had not received any such calls. Additionally, we informed them that, for safety reasons, no one would be allowed inside the school premises until further notice.

Despite our efforts to provide clear and timely communication, anxiety gripped the parents who began gathering outside the school gates. We had no choice but to stop them from entering, prioritising the safety of all students and staff. Among the distressed crowd was a mother, dishevelled and still in her nightgown, her eyes wide with terror. She was wailing, demanding to have her child handed over immediately.

Sana, our front desk executive, approached her with a calming demeanour, attempting to reassure her that everything was under control. However, the mother's panic was too intense, and she refused to listen. Next, Anu, the coordinator, tried to pacify her, but her cries only grew louder.

I decided to intervene. As the principal, it was my duty to maintain order and ensure the safety of everyone involved. I approached her calmly, speaking in a firm yet gentle tone, "Ma'am, I understand your fear, but I need you to calm down so we can ensure everyone's safety, including your child's."

Her response was a scream filled with desperation, "I don't care about the other children in the school! Only my son matters to me. He is in grade II and I want him to be with me. Others can die in the bomb blast, and all the teachers can die, but I want my child!"

The intensity of her words struck me, and I knew we had to act quickly to prevent the situation from escalating further. After a brief discussion with the staff, we decided to bring her son to her. When the child was finally handed over, she hugged him tightly, tears streaming down her face, and left the school grounds, still sobbing but relieved.

As the mother disappeared into the crowd with her child, the tension among the remaining parents only seemed to heighten. Their collective anxiety was palpable, and I knew that addressing them was crucial to maintaining order and safety.

I stepped up to the school gate, raising my hands to call for attention. "Dear parents," I began, projecting my voice over the murmur of worried conversations, "I understand that you're all deeply concerned for your children's safety. I want to assure you that they are safe inside and we are doing everything possible to ensure their safety. Our security protocols are in place, and we are constantly monitoring the situation."

One parent stepped forward; his face lined with worry. "But what if the threat is real? How can we be sure our kids are safe inside?"

I took a deep breath, choosing my words carefully. "We have not received any specific threats towards our school. We are in constant contact with local authorities and are following all recommended safety measures. The safest place for your children right now is inside the school, where we can ensure their protection."

Despite my reassurances, the crowd remained uneasy. I could see the fear in their eyes, the primal instinct to protect their children at all costs. It was a difficult situation—balancing the need to maintain safety with the emotional turmoil of the parents.

Suddenly, another mother in the crowd shouted, "We want to see our children! Let us in!"

I knew we had to maintain control. Allowing parents to storm the school would create chaos and potentially jeopardise the safety of everyone inside. I raised my hand again for silence. "Please, understand that letting everyone inside would be counterproductive. We need to keep the school secure. Rest assured, your children are safe, and we are closely monitoring the situation."

Throughout the morning, our staff worked tirelessly to manage the situation. Inside the school, teachers were doing their best to keep the students calm and occupied, shielding them from the panic outside. We conducted a thorough inspection of the premises to ensure there were no threats, and our security team remained vigilant.

As hours passed, the authorities continued their investigation into the bomb hoax in Delhi/NCR. The police assured that there was no credible threat, and the news channels began updating their coverage to reflect this. Gradually, the tension began to ease, and some parents started to disperse, reassured by the continuous updates and the visible presence of safety enforcement.

By midday, the situation had calmed significantly. Many parents remained outside, but the initial panic had subsided. I took this opportunity to address the gathered crowd once more. "We understand the fear and anxiety you've felt today. Please know that your children's safety is our top priority, and we are grateful for your cooperation and patience."

One father stepped forward, his face showing signs of relief mixed with lingering concern. "Thank you for keeping us informed. This has been a terrifying experience for us as well as for you, but knowing that our children are safe means everything."

I nodded, feeling a sense of shared relief. "We will continue to keep you updated as we receive more information. For now, please rest assured that your children are in safe hands."

The incident was a stark reminder of the unpredictability of life and the need for preparedness. It tested our crisis management skills and highlighted the emotional vulnerability of parents when it comes to their children's safety.

As educators, it is our responsibility to ensure not only the physical safety of our students but also to provide emotional support to their families. This incident reaffirmed the importance of clear communication, swift action, and the need to maintain calm in the face of chaos.

In the aftermath of the incident, our school held meetings to discuss the day's events and the steps taken to ensure the children's safety.

We also conducted sessions with students to help them process the event, reassuring them of their safety and reinforcing the importance of following emergency procedures.

The bomb hoax incident, though terrifying, strengthened our resolve and highlighted the resilience of our school community. It was a testament to the importance of preparation, communication, and unity in the face of adversity.

Moreover, we reviewed our emergency protocols in collaboration with local authorities and security experts. Regular drills and updated safety measures were implemented to prepare for any future threats, ensuring a more coordinated and effective response.

The bomb hoax incident was a harsh lesson, but it brought our community closer together. Parents, teachers, and students alike learned the value of trust, communication, and mutual support. In the face of fear, we discovered our collective strength and resilience.

Looking back, the day started with chaos and fear but ended with a renewed sense of purpose and unity. The experience made us stronger, more prepared, and more connected as a school community. We emerged from the crisis with a deeper understanding of the importance of safety, communication, and the unwavering commitment to our student's well-being.

In the end, the bomb hoax was a powerful reminder that, even in the face of potential danger, we can find strength in unity and resilience in preparedness. The safety of our children is a shared responsibility, one that requires vigilance, empathy, and unwavering dedication from all of us.

Chapter - 19

The Weight of Grief

Palak had once known happiness, a joy so pure and unblemished that it felt like the sunshine of a summer morning. That was before the accident. Her world had shattered when her eight-year-old son, Rohan, was taken from her in a tragic incident. The grief was a persistent shadow, always lurking, sometimes consuming her entirely. Despite this, Palak had found solace in the support of her colleagues. The principal, a pillar of strength, and the staff, who had become her second family, stood by her side, guiding her through the darkest days.

Years had passed since that fateful day, and while the pain never fully disappeared, Palak learned to live with it. She threw herself completely involved in her role as a coordinator at the school, finding purpose and a semblance of peace in her work. Her dedication was unwavering, and slowly, with the unwavering support of her colleagues, she started to heal.

One bright morning, the school was buzzing with the usual chatter and laughter of children. It was a day like any other until the peace was shattered by a commotion near the fourth-grade classrooms. Palak's heart skipped a beat as she hurried towards the source of the noise.

She arrived just in time to see two boys, Rahul and Aryan, dash into the washroom; their faces alight with the excitement of their impromptu race. In their haste, Rahul collided with the door, and a pained cry echoed through the corridor. Palak rushed forward to find Rahul clutching his mouth, blood trickling down his chin. The sight of his broken tooth sent a wave of concern through her.

"Rahul, are you okay?" Palak asked, kneeling beside him.

Tears streamed down Rahul's face as he shook his head. "My tooth... it hurts."

Palak gently guided him to the infirmary, her heart heavy with worry. As she tended to him, her thoughts wandered to Rohan, imagining him in Rahul's place. The familiar ache of loss tugged at her heartstrings, but she pushed it aside, focusing on the child in front of her. At present, her prime focus was the well-being of the child and his safety.

The school nurse assured her that Rahul was fine, but the incident had to be reported to his parents as he was still in pain.

Palak braced herself for the inevitable confrontation. She knew all too well how protective parents could be, especially when their children were hurt.

In an hour's time, Mrs. Mehra, Rahul's mother, arrived; her face was a storm of anger and worry.

"What happened to my son?" she demanded, her voice trembling with emotion.

Palak took a deep breath and explained the situation as calmly as she could. "It was an accident, Mrs. Mehra. The boys were playing, and Rahul accidentally hit the door. We're taking good care of him."

Mrs. Mehra's eyes blazed with fury. "An accident? My son is in pain, and you call it an accident? What kind of supervision is this?"

Palak felt a pang of empathy for Mrs. Mehra's distress but remained composed. "I understand your concern, Mrs. Mehra. We are doing everything we can to make sure Rahul is okay."

But Mrs Mehra was inconsolable. "How would you know the pain of seeing your child hurt? You wouldn't understand!"

The words hit Palak like a physical blow. Her breath caught in her throat, and for a moment, she was speechless. The memory of Rohan's lifeless body flashed before her eyes, and the agony of that day resurfaced with brutal intensity. Tears welled up in her eyes, but she fought to keep her composure. She could not let out her emotions in front of a parent.

Mrs. Mehra shouted again, "Where is the principal? What is she doing in her room while my child is hurt? I want to see her immediately."

Palak, composed by now, guided her to my room and briefed me about the incident. I looked at Mrs. Mehra. She was fuming with anger.

"Mrs. Mehra, please calm down. Palak is doing her best. Let's focus on making sure Rahul is okay," I said, trying to comfort her.

Mrs. Mehra glared at Palak one last time before turning her attention to me. "I want to see the nurse," she said curtly.

The nurse was immediately called to my office and was asked to explain the seriousness of the accident.

Palak stood there, feeling the weight of her grief and the sting of Mrs. Mehra's words. She knew parents often acted out of fear and love for their children, but the reminder of her loss was a cruel twist of fate. She took a moment to gather herself before heading back to her office.

As the day went on, Palak couldn't shake off the encounter with Mrs. Mehra. It was a harsh reminder of the pain she carried and the empathy she extended to others, even when her own wounds were still healing. The staff noticed her quiet demeanour and rallied around her, offering words of comfort and understanding. She had always been popular among her peers for her patience and empathetic attitude.

Later that afternoon, as Palak sat in her office, I knocked on her door. "May I come in, Palak?" I asked for her permission as I did not want to intrude on her privacy, knowing the trauma she was going through.

Palak nodded, grateful for the company. I took a seat across from her, my eyes filled with concern. "Palak, I'm sorry about what happened today. Mrs. Mehra was out of line. She shouldn't have been so personal."

Palak sighed, her shoulders slumping. "It's okay. She's just worried about her son. I understand that."

I leaned forward, my voice gentle. "But you shouldn't have to bear such harsh words, especially given everything you've been through. You're an incredible person, Palak. The way you care for these children, despite your own pain, is remarkable."

Tears filled Palak's eyes once more, but this time they were tears of gratitude. "Thank you," she whispered. "Sometimes it's hard to keep going, but the support from you and everyone here makes it possible. I feel valued here and I am aware of how much everyone cares for me; it's only sometimes that the pain becomes unbearable."

I smiled warmly. "We're a family, Palak. We'll always be here for you."

As the day passed and Palak grew calm, she reflected on the day's events. She realised that while her grief would always be a part of her, it also gave her a unique strength and compassion. She knew the pain of losing a child, and that made her all the more determined to protect and nurture the children in her care.

And so, with renewed resolve, Palak continued her journey of healing, supported by the love and understanding of her school family. She knew that while the scars of her past would never fade, they also shaped her into the resilient, empathetic coordinator she had become. And in that, she found a glimmer of peace.

As educators, it is crucial to recognise that every individual, whether a teacher, student, or parent, carries their own burdens and pain. The incident with Mrs. Mehra highlights how easily we can become consumed by our immediate worries, sometimes losing sight of the broader picture and the struggles others might be facing.

We all must realise that our actions and words can deeply affect others, especially those who have endured significant loss. Showing empathy and understanding can bridge gaps created by grief and pain.

A teacher is a mother herself and, despite her grief, she is committed to her roles and cares for the children.

Teachers and faculty should strive to approach conflicts with a mindset of understanding and cooperation, rather than allowing emotions to dictate harsh reactions.

By embodying these lessons, educators and parents alike can create a more compassionate, supportive and understanding environment for everyone involved.

Parents need to exercise patience and manage their reactions more thoughtfully when dealing with school-related matters. Before expressing anger or frustration, it's essential to remember that teachers are human beings, facing their own personal and professional challenges. Educators dedicate themselves to the well-being of their students, often going above and beyond despite their own stresses and griefs.

Rather than reacting impulsively, parents should approach situations with empathy, understanding that teachers are not just authority figures but individuals who genuinely care for their children. Building a foundation of trust between parents and educators is crucial for a child's success. When parents are supportive and understanding, it fosters a positive environment where both teachers and students can thrive.

By showing patience and compassion, parents can collaborate more effectively with teachers, ensuring that the focus remains on the child's growth and development, rather than on misunderstandings or conflicts.

Chapter - 20

Apology and Realisation

The morning sun filtered through the windows of the school's AV room, casting a warm glow on the rows of steps filled with eager students and their teachers. As I stood at the podium, I scanned the crowd, my eyes settling briefly on Pradeep, a familiar face that held both promise and a bit of mischief.

Today was the orientation for the new grade XI students, a day of new beginnings and opportunities.

I began my speech, welcoming the students and briefing the teachers on their duties. I shared stories of the school's rich culture and the importance of upholding its values. Then, as I glanced at Pradeep again, a memory from years past came to my mind.

"Ah, Pradeep," I said with a warm smile, "I remember when you were in grade VIII. Always coming late, never in proper uniform, and that hair—always unruly! But, to your credit, you always touched my feet and greeted me with respect. Today, again, I see you with only half a uniform. What is the rest of the uniform doing at home, who needs to wear it at home?"

The auditorium erupted in laughter. Pradeep's cheeks flushed as he forced a smile. I continued, not noticing the discomfort on his face. It was meant as a light-hearted joke, a way to connect with the students, but I didn't realise the impact of my words.

Over the next few weeks, I noticed a change in Pradeep. He seemed withdrawn. He no longer greeted me with the same enthusiasm, and his respectful gesture of touching my feet had ceased. I assumed he was just going through a phase, typical of teenagers.

One morning, Pradeep arrived late to school yet again. I was already having a particularly stressful day, and my patience was wearing thin. As I watched him casually walk past the reception, 30 minutes late, frustration surged within me. Punctuality and time management had always been principles I strongly emphasised, and his repeated tardiness felt like a disregard for those values. My stress from the day compounded the situation, and I found myself losing patience. It was difficult to separate the frustration of the moment from the larger issue of instilling responsibility in students like Pradeep.

"Pradeep," I called out as he entered the school reception, "Why are you late again? This is becoming a habit. You need to take school rules seriously. How many times do I need to remind you of the school timings!"

Pradeep's eyes welled up with tears. He tried to explain, but the words caught in his throat. Seeing his distress, my demeanour softened, but before I could say more, Pradeep turned and walked away quickly.

Later that day, as I was walking through the corridors, I saw Pradeep sitting alone in his class, his face quite gloomy. I approached him gently.

"Pradeep, what's wrong?" I asked, my voice full of concern.

Pradeep looked up, his eyes almost red.

"Ma'am, you humiliated me," he said, his voice trembling. "Ever since the orientation day, my classmates have been mocking me.

Today, when you reprimanded me at the reception, it was too much. I try so hard, but it feels like nothing I do is ever enough."

I was taken aback. I had never intended to hurt him. I sat down next to Pradeep, my heart heavy with regret.

"Pradeep, I owe you an apology," I said gently, resting my hand on his shoulder. "I didn't realise how deeply my words had hurt you. It was wrong of me to mock you and reprimand you in front of others. I acted without thinking, and for that, I truly regret it. I should have been more mindful of your feelings and handled the situation with more care. I'm sorry for the pain I caused. I hope you can find it in your heart to forgive me."

Pradeep looked at me, his eyes wide in dismay. "You... you're apologising to me?"

"Yes, Pradeep," I said, my tone steady yet compassionate. "I made a mistake, and I want to make it right. You're a good student with strong values, and I have always respected you for that. What I did was wrong, and I know it hurt you. Just as I embarrassed you in front of others, I will apologise to you publicly. It's only fair to correct my wrongs in the same way they were made. You deserve that respect, and I want to make amends for the hurt I've caused."

Pradeep nodded slowly. "Thank you, Ma'am, but a public apology isn't necessary. I'm just grateful that you're here for me," he said sincerely. "Please, Ma'am, it's not needed." His words carried a sense of relief and understanding. In a heartfelt gesture of deep respect and reconciliation, Pradeep bent down and touched my feet, something he hadn't done in a long time. It was a moment of mutual forgiveness and healing, where words were no longer needed. Both of us stood in silent acknowledgement of our shared respect and renewed bond.

Moved, I pulled him into a hug. "You are like a son to me, Pradeep. Let's move forward together."

A few weeks later, the school celebrated Mother's Day with a special assembly. The auditorium was filled with students, their mothers, and teachers.

I stood at the podium once again, my heart pounding. I looked out at the audience, spotting Pradeep and his mother sitting near the front.

"Today is a day to honour our mothers and the love they give," I began. "But today, I also want to take a moment to address a personal matter."

The room grew silent with curiosity.

"I made a mistake," I continued, my voice steady. "During the grade XI orientation, I made a joke at the expense of one of our students, Pradeep. What I intended as light-hearted humour caused him great pain and led to him being mocked by his classmates. I also reprimanded him publicly, which was wrong. Pradeep, I am deeply sorry for my actions."

A murmur ran through the crowd as I stepped down from the podium and approached Pradeep.

"Pradeep, I apologise to you in front of everyone. You are a young man of great values, and I respect you deeply. Please forgive me," I said, touching his head, his hair still not brushed properly.

Tears streamed down Pradeep's face as he stood up. He touched my feet once more, then hugged me tightly. His mother looked at us in dismay, unaware of the incident. I saw the tears rolling down her cheeks.

The AV room was filled with the sound of sniffles and quiet sobs. Mothers and students alike were moved by the display of humility and compassion.

Pradeep's mother joined us, her eyes glistening with tears. "We have never seen a principal like you," she said, her voice choked with emotion. "Thank you for your kindness and for treating my son with such respect."

I hugged Pradeep's mother. "We are all human, and we all make mistakes," I said. "What matters is that we learn from them and strive to be better."

In the days that followed, the atmosphere at the school changed. Students and teachers alike were inspired by my actions. There was a renewed sense of respect and understanding among everyone. Pradeep, now more confident and assured, began to excel in his studies and participated actively in school activities.

I learned my lesson too. I understood that it is crucial to be mindful of words and actions as a leader, understanding the impact they can have on others.

Admitting mistakes and apologising sincerely can heal wounds and build stronger relationships. It should not matter even if we are older or in a higher position. Accepting mistakes and correcting them is important. True leadership involves treating everyone with compassion and respect and recognising their value and potential.

Admitting our mistakes and taking responsibility in public reflects true integrity. It demonstrates accountability and humility, which in turn earns the respect of others. Owning up to errors openly not only strengthens our character but also fosters trust and sets a positive example for those around us.

Educators must understand that they are responsible for nurturing the intellectual, emotional, social, and ethical growth of their students. Their role extends far beyond academics; they are tasked with shaping well-rounded individuals preparing them to face the complexities of life.

Mentorship is another vital component of any collaboration. Educators should strive to create a supportive environment where students feel understood and valued. Teachers and staff act as mentors, offering guidance and support as students navigate their academic and personal lives. This mentorship helps students develop a sense of purpose and direction, aiding them in making informed choices about their futures.

· · ·

Chapter - 21

Am I Here to Woo

I want to share two significant anecdotes that highlight the challenges teachers face when dealing with uncalled-for behaviour from parents. In one instance, a teacher was unjustly accused by a parent of neglecting their child, despite the teacher's continuous efforts to support and nurture the student. The parent's unfounded criticism caused unnecessary stress and undermined the teacher's dedication. In another case, a parent confronted a teacher in a hostile manner over a minor issue, failing to recognise the emotional toll such confrontations take.

Although I always stand as a protector for the teachers, shielding them from unfair treatment, it's important for parents to realise the mental trauma these incidents cause. Teachers, who dedicate themselves to the growth of their students, often become victims of parental insecurities and misbehaviours. This not only affects their well-being but also impacts the positive environment they strive to create for their students. Parents must be empathetic and considerate in their interactions with educators.

After the Parent-Educator Conference (PEC), Ashi, my social studies teacher, came to my office looking visibly upset. She seemed deeply disturbed and hesitant, clearly wanting to address something important. I immediately offered her a chair, sensing her anxiety.

"What's wrong, Ashi? You don't seem yourself. Are you feeling unwell?" I asked gently, noticing the sadness and worry in her eyes.

Her discomfort was palpable, and I was eager to understand what was troubling her so much. It was clear that something significant was weighing on her, and I wanted to provide her with the support she needed.

"Ma'am, I just wanted to share that during the PEC, a father of my student misbehaved with me," she was trying to find the right words.

"Tell me in detail, Ashi, and don't worry. You can share the details with me," I said, expecting that the parent must have used some harsh words because of some concern.

"Ma'am, while I was trying to explain to the parent about his child's indiscipline in the classroom, the father came very close to me and said, 'Forget about this, Ashi. You are a pretty-looking girl. Why are you wasting your time here? Let's go out for a cup of coffee and get to know each other better.' And ma'am, I got scared, so I just made an excuse and went to the washroom," she said, looking petrified.

Now, I could understand the reason for her pale face.

"Ashi, I'm so sorry this happened to you," I said, trying to maintain my composure while feeling the weight of her fear. "Thank you for telling me. You did the right thing."

I immediately called for Meena and instructed her to summon the parents to my office first thing the next morning. By the time I arrived, both were waiting in the reception area. The moment I caught sight of the father, the anger I'd held in check surged once again.

As they entered my office, I wasted no time. "We need to discuss something very serious," I said, my tone firm. I locked eyes with the father, who seemed caught off guard. "During the PEC, your behaviour towards Ashi Ma'am was completely inappropriate and unacceptable. Disrespecting my staff—especially in such a manner—will not be tolerated."

The mother's face reflected shock, while the father began to protest, but I held up a hand. "This is not open for debate. What you said crossed a line, and if this kind of behaviour continues, I won't hesitate to escalate this further."

I narrated the incident to his wife who was completely shocked by his cheap and intolerable behaviour. I ensured they understood the gravity of the situation before dismissing them, my priority now being to protect Ashi and all my staff from such disrespectful behaviour in the future. The father undoubtedly apologised guiltily, but his wife was furious and irritated. She assured me that he would never enter the school again.

The father, visibly uncomfortable, mumbled an apology.

After they left, I called Ashi and briefed her on our meeting and said, "Rest assured, this will not happen again. You are valued, and no one has the right to make you feel unsafe in your own workplace."

"Ma'am, I hope he won't trouble me again," she said, looking worried.

"I promise you it won't ever happen again," I told her, assuring her.

I immediately called for a staff meeting and narrated the entire incident to them, advising them not to ever tolerate such behaviour from anyone and to report the incident immediately.

After the incident, the father never entered the school.

We all must ensure the safety of teachers as it is crucial for a healthy learning environment. Teachers must feel protected from physical, emotional, or verbal harassment. Schools and parents must work together to create a respectful atmosphere where educators can focus on teaching without fear, safeguarding their well-being and dignity.

Yet in another incident, one day, while I was interacting with a parent, Simrim called me on my landline. She sounded worried.

I picked up the landline. Simrim told me that our headmistress, Prerna, was crying and wanted to meet me urgently.

I quickly finished my interaction and called for Prerna. I was concerned for her well-being, as she was not the type to cry easily. In a few seconds, she walked into my room, sobbing uncontrollably.

"What happened, Prerna?" I asked, trying to figure out the reason for her continuous crying.

"Ma'am… ma'am," Prerna said amidst sobs and then stopped. She was unable to speak. Her face had reddened, and her nose was pink like Rudolph the Red-Nosed Reindeer.

To make her feel comfortable, I started singing the Christmas carol, "Rudolph the Red-Nosed Reindeer," laughing out loud, and hugging her. I offered her a glass of water and gave her time to settle down. After a few minutes, her sobbing subsided, and she was able to talk.

Coming back to my seat, I asked her the reason for her crying.

"Ma'am, you asked me to call the parents of the children who had not performed well in the Term-I exams, so I called Saurabh's father and briefed him about his child's performance, asking him to meet me," she said, her sobs returning.

"Yes, that's right. So, what's wrong with that?" I wondered.

"Ma'am, Saurabh's mother called me right after and accused me of trying to flirt with her husband," she said, her sobs becoming uncontrollable once again.

"Calm down. It's okay. Tell me more," I said, pitying her condition.

"Ma'am… she accused me of wooing her husband. She even said that every morning when he comes to drop off their children, I wait for him at the gate and that we are having an affair," Prerna managed to say between sobs.

"Is she crazy?" The words slipped out automatically.

It is customary at our school for heads to stand at the main gate to receive children and check for late arrivals. Often, when children are late, parents end up shouting at the guard. When a head stands there, they behave more appropriately and follow the rules.

I rang the bell and asked for Bhawna.

"Yes, ma'am?" Bhawna entered my room with a smile on her face. The moment she looked at me, her face fell as she could see my fuming expression.

"Immediately call Saurabh's father and tell him to see me in half an hour," I instructed, trying to control my anger. I knew that he lived just across the road and had a remote working arrangement.

Bhawna left and returned within five minutes to tell me that the father could not come right then, but would come the next morning.

I consoled Prerna and assured her that appropriate action would be taken.

In the evening, as I was doing my routine exercise, my mobile rang. I picked it up to find Prerna's husband on the other side.

"Good evening, ma'am," he said.

"Hello, good evening, Mr. Singh," I replied, knowing the reason for the call.

"Good evening, ma'am, can I talk to you for a minute?" he said, sounding a little annoyed.

"Sure, Mr Singh," I replied, intentionally keeping my voice low.

"Ma'am, we completely trust your leadership, and I am aware that Prerna has briefed you about the morning incident. Ma'am, she is just uncontrollable and is continuously crying. Since this matter involves the school, I request you to take action, or else I will be compelled to take action myself," his voice was shaking, and I could sense the threat in his tone.

"Don't worry, Mr. Singh. I will take stern action against them. There must be some kind of insecurity in the woman; otherwise, no normal person would ever talk like this. In my entire career, I haven't heard anything like this. Please console Prerna and assure her that this will not be ignored. The father is coming to meet me tomorrow morning, and I will find out the reason for the allegation," I said in a reassuring tone.

"We have full faith in your leadership, ma'am. Thanks a tonne," he said, convinced that action would be initiated.

The next morning, Saurabh's father came to see me along with his brother-in-law. I had known Saurabh's father for a long time; he was a regular visitor to the school. The moment he entered my room, I almost didn't recognise him. He had lost a lot of weight, grown a beard, and his hair had greyed. He was walking with drooping shoulders and a pale look. His brother-in-law, who was his wife's brother, also looked disturbed.

"Come, Mr. Das, have a seat," I gestured towards the black chairs in front of my large table.

"Ma'am, we are extremely apologetic about what happened," he said immediately after taking his seat.

"How do you know the reason for our meeting?" I asked, speculating.

"Ma'am, when my wife called Prerna Ma'am, I was there, listening. Ma'am, she has depression and overthinks a lot. She doesn't let me go out of the house and links me with every woman around. Ma'am, this is her brother, and he can tell you the gravity of her condition," he said in a very low voice.

"Yes, ma'am. My sister has mental health issues and refuses to take medication. My brother-in-law is having a tough time dealing with her. In fact, I had to make an excuse to bring him here as she wouldn't allow him to step out of the house," he confirmed.

"Ma'am, she insisted that we have an affair because Prerna Ma'am called me on my phone. Every morning she calculates the time I spend dropping off our children, and if I get late even by a few seconds, she assumes I am spending time with Prerna Ma'am. She enquired from my children if they had seen me talking with Prerna Ma'am. Trust me, ma'am, she is not just linking me with Prerna Ma'am but also with the maid, my neighbour, my colleagues, and every other woman she comes across." All of a sudden, he started looking unwell to me.

"Please allow me to personally apologise to Prerna, ma'am," he sounded sick and very low.

"That's not needed, but her husband is really angry and would not settle for anything less than a firm action," I said.

"Ma'am, please share his number. I will personally apologise to him and show him these prescriptions," he said, handing over some papers to me.

"That's not needed. Let me handle this myself," I said, looking at the papers handed over to me.

I read about her condition and was assured that her emotions were not under her control.

"Ma'am, my wife is coming to meet you in this regard at 1:00 pm," he said, worried.

"Don't worry, let her come. Probably she needs to boost her confidence. I would like to meet her," I said, convinced that it was not Mr. Das's fault.

Both gentlemen left after apologising to me at least ten times.

Now, I was eager to meet Mrs. Das. At exactly 1:00 pm, Mrs. Das walked into my room. She had a short stature, fair complexion, and big, dark eyes. Her black, frizzy hair added to her beautiful face.

The moment she entered my room, I immediately said, "Wow, Mrs. Das, you look so beautiful."

I could see her confidence heighten, and a smile ripple across her beautiful face.

"Tell me, why are you here?" I pretended not to know anything. I said, gesturing for her to sit on the chair in front of me.

"Ma'am, I have a doubt that my husband is having an affair with Prerna, ma'am," she said confidently, sitting on the chair.

"And what makes you doubt that?" I asked.

"Ma'am, she always calls my husband's mobile number, never mine. Whenever my husband comes to drop off our children, he often takes longer than usual. I think he spends time with Prerna Ma'am," her voice was shaking, and so were her hands. I asked for water for her.

"But why do you think he is having an affair with Prerna Ma'am only?" I enquired.

"Ma'am, a few days back, I followed him as he was coming late, and I saw Prerna Ma'am standing at the gate. They both smiled at each other," she said.

"But Mrs. Das, Prerna Ma'am stands at the gate because she has been assigned duty there, not because she wants to meet your husband. She must have smiled at a parent of her student, not at your husband. It is normal for us to greet parents with a smile," I continued.

"But then why does she call my husband's mobile and not mine?" she asked, trying to reason out.

"Does she have your number? Did you ever share your number with her?" I enquired.

"I don't know, ma'am," she said.

I called Sonakshi and asked her to find out from Prerna and check the database. Sonakshi came back saying that Prerna Ma'am had only the father's number and, in fact, the database also did not have the mother's number.

Now the ball was in my court.

"See, I told you. Since you called her, she has been crying. Her husband also called and wanted to meet you," I said calmly.

I could see from her expression that she was scared.

"Moreover, let me tell you, Prerna is not interested in your husband or anyone else," I continued. "You haven't seen Prerna's husband. He is a very handsome man, and they love each other a lot. In fact, they complement each other. They had a love marriage after 15 years of a relationship. And have you seen your husband?" I continued, changing my tone this time, "How shabby he looks. Which woman would look at him? You are so beautiful; he will never find any woman as beautiful as you. You should not get insecure; in fact, he should get insecure. So don't worry. You relax, calm yourself, and take this doubt out of your mind that Prerna or any woman would be interested in your husband," I said, observing that her confidence in herself was enhancing.

She smiled at me.

"Are you sure, ma'am, that I am better looking than my husband?" Her voice was shaking with excitement.

"Of course. And you are not just beautiful, you seem to be quite intelligent too. Don't worry about your husband, go and talk to him, and trust me, you will be surprised to know how much he loves you," she seemed convinced.

"Ma'am, can I give you a hug?" she asked.

I got off my chair, went across the table and gave her a tight hug.

"Thank you so much, ma'am, for showing me the reality. My doctor also couldn't convince me the way you have. Can I come back to you if ever I have a doubt?" she asked.

"Of course, anytime," I said.

She left smiling. The moment she left, Prerna walked into my room along with Sonakshi, Simrim and Bhawna.

"Ma'am, what did you tell her? She met me at the reception and apologised," Prerna was smiling.

"Nothing, just pampered her self-confidence," I said, smiling and dismissing the conversation.

It's easy for parents to blame teachers, schools, and authorities for any issue, but trust me, we don't take their complaints negatively. Instead, we strive to get to the root of the problem and address their concerns completely. This is why teaching is much more than just imparting knowledge. A teacher wears many hats—she is a doctor when healing emotional wounds, a lawyer when standing up for what's right, a counsellor when guiding through tough times, a policeman when maintaining discipline, a leader when setting examples, and even a politician when navigating complex situations. Every day brings new challenges, requiring teachers to adapt and shift their roles accordingly. In doing so, they ensure a supportive and nurturing environment for students. This flexibility and dedication are what make the teaching profession so unique and demanding—because, in the end, a teacher is a problem-solver in every sense.

Ensuring a positive and supportive environment for teachers is critical for their well-being.

We observed that teachers, too, need emotional support from their peers.

In Prerna's case, the support system within the school administration played a key role in helping her regain her confidence and composure. This highlights the importance of creating a nurturing environment not just for students, but for teachers as well. Leadership must demonstrate empathy and emotional intelligence, ensuring that educators feel heard, supported, and valued. By fostering a culture of understanding and mutual care, schools can build stronger teams where teachers can thrive emotionally and, in turn, be more effective in guiding their students.

Misunderstandings and false accusations can arise due to parent's insecurities and personal issues. The incidents where parents accuse teachers due to their overthinking underscore how personal issues can spill over into professional environments.

Effective conflict resolution requires understanding the root cause of the problem. School authorities can also resolve the insecurities and issues by addressing the underlying causes rather than just the symptoms. We must understand that building self-confidence in parents can help in resolving conflicts. Sometimes, it is essential to make a person realise their own self-worth to defuse a potentially damaging situation.

It is crucial to maintain professional boundaries. Teachers should be trained to set clear boundaries and address inappropriate behaviour firmly and professionally as they have to meet a variety of parents. They play multiple roles beyond just educating students. They act as counsellors, mediators, and sometimes even as family therapists.

Strong leadership is essential in navigating complex interpersonal issues. Moreover, awareness of mental health issues and their impact on behaviour is important.

These lessons emphasise the complex and multifaceted nature of the teaching profession and the importance of empathy, effective communication, and strong leadership in managing the diverse challenges that arise in educational settings.

Chapter - 22

The Tightrope of Parental Expectations

On a lighter note, I often joke with parents and educators that I'm sitting on a nuclear bomb, one that could explode at any moment. This light-hearted comment reflects the immense pressure and unpredictability we face in the school environment, where challenges can arise at any time. Whether it's handling student issues, addressing parental concerns, or managing unforeseen situations, there's always something brewing. But despite the chaos, it's this very energy that keeps us on our toes, ensuring we're always ready to adapt and respond with resilience and a sense of humour.

As the head of the school, this analogy reveals the enormous pressure and random challenges I face every day. My decisions have the potential to significantly influence the lives of innumerable students, their families, and the entire school staff.

The school atmosphere is a gentle ecosystem where inconsequential matters can rapidly intensify into foremost crises if not handled with care and precision.

Managing a school is akin to addressing multiple sensitive issues concurrently. On any given day, I may be dealing with educational concerns, disciplinary matters, faculty arguments, and parental grievances. Every issue can be a potential prompt, and handling them requires a reasonable balance of empathy, determination, and subtlety.

However, the high expectations of the parents and any acknowledged insignificant matter may end up in strong reactions, while the educator's wisdom and experience in handling such expectations play a vital role in resolving the concerns.

For instance, a mother may become upset because her child was placed in the second row during a dance performance, believing it diminishes her child's importance. While this concern might seem minor to some, it holds great significance for the parent. As educators, it's important to acknowledge these feelings and address them with sensitivity and understanding. Every parent wants their child to feel valued and recognised, and dismissing such concerns can lead to frustration. By approaching these situations with empathy, we can foster a supportive environment that respects both the child's development and the parent's perspective.

At the same time, parents must understand the importance of providing equal opportunities to all students. While every parent naturally wants their child to be in the spotlight, it's essential to recognise that in a school setting, fairness and inclusivity are key. Each student deserves a chance to participate and shine, whether in the front row or elsewhere. Teachers and administrators strive to balance these opportunities, ensuring that no child feels overlooked. Understanding this helps foster a sense of community where the focus is on collective growth and learning, rather than individual competition.

Sitting on a nuclear bomb feeling keeps me on my toes as it encourages me to be prepared for the unanticipated, continuously observing the pulse of the school, and being prepared to address issues before they detonate. It includes pre-emptive communication, building strong relationships with all stakeholders, and creating an environment where everyone feels heard and appreciated. By doing so, I aim to ensure that the school remains a safe and nurturing place for all, despite the ever-present challenges.

"Ma'am, a parent called me saying she is very upset and is asking for a transfer certificate," said Simrim, controlling her smile. I could sense mischief in her voice but also knew that she was a mature woman. Her wisdom and maturity in understanding people was amazing. She was a blend of professionalism, assertiveness, and a strong sense of responsibility and played a crucial role in the school's administration and daily operations. Her convincing nature was actually her ability to communicate effectively and persuade others. This skill was particularly valuable in her role, where she often needed to address concerns.

"Relax, Simrim, and tell me what happened," I replied in a calming tone.

"Ma'am, there is a very weird request, and I am sure this request is completely unique and absolutely new," she said with a twinkle of mischief.

"But what happened?" I was curious now.

"Ma'am, it's Sanya's mum. She says the upcoming event has completely shattered her," Simrim said.

"Why? What happened?" I asked again.

"Ma'am, she says her child is in the dance performance and has been placed in the second row, which is not acceptable to her," Simrim said, still trying to control her smile.

"So, what is wrong with that? Every child cannot be adjusted in the front row. Moreover, it's not about the front or last row; it's about the opportunities and confidence of the children," I said, ignoring the uncontrollable smile on her face.

"I understand that, ma'am, but the mother is saying her child is very precious and should be given a position in the front row," Simrim said, now clearly laughing.

"What do you mean by 'precious'? Every child is precious to us. Which class is the child from?" I asked her.

"Ma'am, she is in grade V, and the mother says her baby is precious because she is an IVF (In-vitro fertilisation) baby," Simrim sounded amused.

"WHAT?" I was astounded. I couldn't have imagined this reason in my simplest thought. This was the last thing I expected.

"So, how can this be a reason for getting a place in the front row?" I was agitated now.

"Tell the parent that to us, all children are precious, whether born normally, through caesarean surgery, or IVF," I said. Simrim left, giving me a wicked smile.

She must have conveyed the decision to the parent effectively because despite not changing the child's position, the mother did not take a transfer certificate either.

However, the complaints and requests for special favours did not stop. We have learned to ignore certain issues the benefit of the larger community and for the benefit of the children. If acceptable and reasonable, we do not mind considering and tweaking.

Sometimes, even a slight interaction may have the potential to intensify. A modest scheduling encounter for a PTM can lead to allegations of favouritism or negligence. Criticisms about school policies can rapidly convert into demands for systemic modifications.

Even well-meaning feedback can sometimes be conveyed in a manner that feels confrontational, making it challenging to navigate the interactions without generating further displeasure.

Teachers are under constant pressure to perform better and often face condemnation from both students and parents. Their self-esteem and enthusiasm directly influence the quality of education.

Moreover, students are also a source of unpredictable circumstances. They come from diverse backgrounds and face numerous challenges. Issues such as bullying, mental health struggles, and academic pressure require immediate and thoughtful interventions. Any instance of bullying, if not handled properly, can escalate into a toxic situation that could impact the entire student community.

Additionally, the larger educational landscape is continuously evolving with new strategies, curriculum variations, and technological advancements. Staying ahead of these changes and implementing them effectively within the school requires continuous learning and adaptation. Each new directive from the education authorities sometimes feels like an additional potential trigger that needs defusing.

The responsibility of a principal mainly encompasses a substantial amount of crisis management. Whether it's a safety distress, a health outbreak, or a public relations issue, crises are inevitable. Each emergency demands instant and pivotal action, often with partial information and under intense scrutiny. The potential consequence of mismanagement of a crisis can be overwhelming, affecting the school's reputation and the confidence in its leadership.

Despite these challenges, the role of a principal is incredibly gratifying. Endorsing the evolution and accomplishment of students, fostering a positive school culture, and making a meaningful transformation in the lives of others are powerful motivators. However, it requires resilience, adaptability, and an unwavering commitment to the school community.

We receive several emails everyday and believe me, sometimes it becomes overwhelming too, but we ensure to respond to all as each email represents a parent's concern, hope, or frustration. I believe it is crucial to acknowledge and address these communications to maintain trust and transparency within our school community.

However, the sheer volume of complaints can sometimes be too much to handle within a single day.

These complaints are varied and can range from minor issues to significant concerns. Some parents might have grievances against other students, such as allegations of bullying or disruptive behaviour. These complaints require delicate handling to ensure that all students feel safe and supported, while also being fair and just in our responses.

Moreover, complaints often extend beyond student interactions. Parents sometimes express dissatisfaction with school policies, administrative decisions, or the overall learning environment. Addressing these concerns involves careful consideration and often requires discussions with various stakeholders to find a balanced solution that serves the best interests of the students and the school community.

Teachers are at the frontline of education, and their interactions with students are under constant scrutiny. While most teachers work tirelessly and with great passion, misunderstandings or misinterpretations of their actions can lead to parental complaints.

For instance, a parent might be upset because a teacher disciplined their child, believing it was unfair or too harsh. Another parent might feel that their child is not receiving enough attention or support in class.

It is essential to listen to the parent's concerns and investigate the situation thoroughly without jumping to conclusions. Supporting our teachers while ensuring that any genuine issue is addressed practically is a delicate balancing act. It involves providing professional development opportunities for teachers to improve their skills and communication, as well as fostering an environment where teachers feel valued and supported.

The emotional toll of managing these complaints cannot be underestimated. Despite this, I strive to remain empathetic and patient, understanding that each parent's complaint is rooted in their desire to see their child flourish and be happy.

To manage this overwhelming task, I have implemented several strategies.

Prioritising complaints based on their urgency and impact helps ensure that the most critical issues are addressed promptly.

Delegating certain responsibilities to trusted members of the administrative team also allows for more efficient handling of the volume of emails and complaints.

In addition, fostering a proactive communication culture within the school can help mitigate some of these issues. Regular updates to parents, open forums for discussion, and clear channels for raising concerns can prevent misunderstandings and reduce the frequency of complaints. Building strong relationships with parents through consistent and transparent communication helps create a supportive and collaborative school community.

Ultimately, while the daily influx of emails and complaints can be overwhelming, it is an integral part of any principal's role.

I remember, when my children were in school, they loved helping their classmates carry notebooks or enjoyed doing small chores for their teachers. These simple acts of kindness and responsibility were a source of great joy and pride for them. I remember vividly how my son would come home with a broad smile, his eyes sparkling with happiness, as he recounted how his teacher had pulled his cheeks and hugged him. He felt special, cherished, and like the teacher's favourite student.

Such moments of affectionate interaction between teachers and students were commonplace back then and were seen as a natural part of the school experience. These gestures of warmth and care helped build strong, trusting relationships between students and teachers, fostering a sense of belonging and community within the classroom.

However, times have changed, and so have perceptions and expectations. Today, such displays of affection are often viewed with caution and can even lead to complaints from parents. The same act that once made my son feel valued and loved could now be misinterpreted as inappropriate or unprofessional.

For instance, in one recent case, I received an email complaint from a parent who was upset that a teacher had pulled their child's cheeks. The parent felt that this physical touch was unwanted and intrusive, even though the teacher's intention was purely affectionate. The parent wrote:

Dear Ma'am,

Please treat this as an official complaint against a teacher. She keeps pulling my son's cheeks despite him informing her that he does not like it. Sometimes he complains that the teacher takes the money given for the canteen and then gives it back. I don't have the exact background to this, but I believe it gives the teacher sadistic pleasure to tease my child. Please look into the matter before I make a formal complaint against her for bullying my child. In fact, I discussed this in my parent's group and other parents also feel that the teacher is bullying my child.

I wrote back to the parent with the following email.

Dear Parent

Thank you for bringing this matter to our attention. We take all complaints regarding the well-being and treatment of students very seriously. Here are the steps we will follow to address your concern:

1. We will review your complaint in detail to understand the specific incidents and context.

2. We will conduct a thorough investigation, including speaking with your child, the teacher in question, and any other relevant parties.

3. Any relevant documentation, such as witness statements and any prior complaints or incidents, will be collected and reviewed.

4. Based on our findings, appropriate actions will be taken. This may include speaking with the teacher to address the behaviour, providing additional training, or implementing disciplinary measures if necessary.

5. We will follow up with you to ensure that your concerns have been addressed and to inform you of the steps taken.

In the meantime, if you have any further details or evidence that could assist in our investigation, please provide them.

Additionally, please let us know if you would like to have a meeting to discuss this matter further.

Thank you for your patience and understanding as we work to resolve this issue promptly and fairly.

Regards
Principal

After a thorough investigation, it was concluded that the teacher was very fond of the child and would often pull his cheeks out of affection. We issued a formal warning to the teacher, emphasising that such actions, even if well-intentioned, must not be repeated to ensure the comfort and well-being of all students. We communicated these findings and our actions to the parent who raised the concern.

Additionally, we requested the parent to bring such concerns directly to the school's attention in the future, rather than discussing them in WhatsApp groups. Recently, we have observed that it has become customary for parents to discuss even the slightest matter in these groups before informing school authorities. While we understand the need for community support, we want to remind parents that most of the schools these days have an open-door policy and a no-victimisation strategy. Parents should feel free to discuss any issues with the schools directly, as we are committed to finding the best solutions for our students.

To illustrate, if you have a toothache, you would visit a dentist, not a gynaecologist. Similarly, for school-related concerns, approaching the school directly is the most effective way to resolve issues. We believe that parents often seek validation from other parents, which can inadvertently encourage a culture of gossip and criticism towards the school. We urge all parents to trust and utilise the established communication channels for the benefit of the entire school community.

At the same time, it was disheartening to see how a teacher's well-meaning gesture of affection could be construed as bullying. This complaint highlighted the growing complexities and sensitivities in the teacher-student dynamic.

A teacher's love for children is unconditional, and to tell a teacher that her love and affection are seen as bullying is depressing and demotivating. This was exactly what happened when I informed the teacher about the complaint. The news was not just surprising; it was heart-wrenching for her. She had only intended to show care and support, and to have her actions misunderstood was deeply disheartening. In some cases, as illustrated by the earlier incident, a parent's complaint might stem from a well-meaning gesture by a teacher, such as showing affection, which the parent perceives differently.

In response to such concerns, we had to implement a 'No Touch' policy in our school. While this policy is necessary to protect both students and teachers from potential misunderstandings and accusations, it also creates a more formal and less personal environment. Teachers, who often have a natural inclination to nurture and care for their students, now have to consciously avoid physical contact, even if it is to offer comfort or encouragement.

Despite the 'No Touch' policy, I believe that the essence of teaching lies in the emotional connections that teachers build with their students. These connections are crucial for creating a positive and supportive learning environment. Therefore, we encourage our teachers to find alternative ways to express their care and support, such as through words of affirmation, supportive gestures, and creating a classroom atmosphere that is warm and inclusive.

Nevertheless, the shift in expectations and the need for policies like 'No Touch' reflects the evolving landscape of education. They underscore the importance of adapting to new norms while continuing to prioritise the well-being and emotional development of our students.

Reflecting on the past, I cherish the memories of my children feeling special and loved by their teachers. Moving forward, I am committed to finding a balance that ensures the safety and comfort of all students while still allowing for the essential human connection that is at the heart of education.

Our students are provided with an extensive range of experiences intended to widen their horizons. Through extracurricular activities, cultural events, and community service, we expose them to diverse perspectives and new challenges. These experiences help students develop resilience, creativity, and adaptability—qualities essential for success in the modern world.

Confidence-building is another critical aspect of our mission. We encourage students to step out of their comfort zones and take on leadership roles, whether it's in the classroom, on the sports field, or within student organisations. By celebrating their achievements and supporting them through their failures, we help them build the self-assurance needed to pursue their goals with determination and courage.

Instilling values is at the core of our educational philosophy. We aim to teach our students not just what to think, but how to think critically and ethically. Through discussions on moral dilemmas, lessons on empathy, and a focus on social responsibility, we guide them in developing a strong moral compass. These values will guide their decisions and actions long after they leave our school.

However, the influence of parents is undoubtedly more profound and far-reaching. Families are the bedrock of student's lives, providing the foundational sense of belonging, security, and love that schools can build upon but not replace. The emotional and psychological support that children receive at home is crucial in shaping their self-identity and overall well-being.

Family bonding plays a significant role in a child's development. Through shared activities, open communication, and consistent support, parents teach their children important life skills and values. They help children understand their strengths and weaknesses, foster a sense of accountability, and encourage them to strive for excellence. These familial interactions are essential in developing a child's self-esteem and confidence.

While schools play a critical role in educating and shaping young minds, we recognise that our efforts are most effective when complemented by a strong partnership with parents. Collaboration between home and school ensures that students receive consistent messages and support, reinforcing the values and skills they need to succeed.

In conclusion, the mission of schools has expanded to encompass the holistic development of students. We are dedicated to providing a comprehensive education that addresses all facets of a student's growth. Yet, we acknowledge and honour the indispensable role of parents and families. Together, we create a nurturing environment that equips children with the knowledge, skills, and values they need to thrive in all areas of life.

In response, I immediately called a meeting with the teachers and emphasised that nobody should touch a child, even if it is to hug or show affection. To this day, I am firm on the 'No Touch' policy. I understand that teachers, many of whom are mothers themselves, have an innate sense of love and affection. Despite the 'No Touch' policy, teachers naturally want to express their care and sometimes struggle to resist these impulses. However, the policy is particularly stringent for the male faculty, where the expectations and scrutiny are even higher.

Yet, this policy, while necessary to avoid misunderstandings and protect both students and teachers, has made it challenging for teachers to express their warmth and care in traditional ways. The essence of teaching often involves building emotional connections and nurturing students, which can be stifled by such restrictions. Physical expressions of support, like a comforting hug or a pat on the back, have traditionally been part of how teachers show they care. Removing these gestures can make interactions feel more formal and less personal.

Still, we continue to strive for a balance. It is essential to ensure the emotional and physical safety of our students while fostering a supportive and caring educational environment. To address this, we encourage teachers to find alternative ways to express their affection and support. Verbal affirmations, encouraging notes, and creating a classroom atmosphere that is welcoming and inclusive are all ways teachers can convey their care without physical contact.

We also provide training and resources for teachers to help them navigate these new boundaries. Workshops on non-verbal communication and building emotional connections through other means have been beneficial. We want our teachers to feel equipped and confident in their ability to support their students within the framework of the 'No Touch' policy.

Moreover, open communication with parents is crucial. We explain the rationale behind our policies and seek their support in reinforcing these boundaries. Parents need to understand that while the methods may have changed, the underlying care and commitment to their children's well-being remain the same.

Maintaining a 'No Touch' policy is a delicate balance. It necessitates relentless observance and an inclination to adapt. The safety and comfort of our students are paramount, and ensuring that every student feels secure in their environment is non-negotiable. At the same time, preserving the warmth and support that are fundamental to teaching is equally important.

In conclusion, while the 'No Touch' policy has imposed certain restrictions, it has also challenged us to find innovative ways to express care and support. By fostering open communication, providing training, and encouraging alternative expressions of affection, we strive to create an environment where students feel both safe and valued. The ultimate goal is to ensure that every child in our school knows they are cared for and supported, even within the boundaries of a changing educational landscape.

Schools have transitioned from focusing solely on imparting academic knowledge to fostering holistic development. This includes building student's confidence, instilling values, and mentoring them in all aspects of life.

The essence of teaching often involves building strong emotional connections with students. This includes showing care and support, which can significantly impact student's sense of belonging and self-worth.

Addressing parental complaints requires sensitivity, diplomacy and a balanced approach. It's essential to listen to concerns, investigate thoroughly and support both students and teachers in resolving issues.

Establishing open lines of communication with parents can prevent misunderstandings and reduce the frequency of complaints. Regular updates and forums for discussion help maintain trust and transparency.

Providing teachers with training on non-verbal communication and alternative ways to express support helps them navigate new boundaries while maintaining the warmth and nurturing that are fundamental to teaching.

Misunderstandings and complaints can be demotivating for teachers. Recognising and addressing the emotional impact on teachers is important for maintaining their morale and motivation.

In conclusion, the partnership between parents and educators is necessary for student's learning and overall progress. Both parties must work hand-in-hand to ensure children are nurtured holistically, academically, and emotionally. Parents should make an effort to understand the perspective and responsibilities of educators, recognising that schools operate with the best intentions for their child's future. Rather than jumping to conclusions or forming opinions based on isolated incidents, parents should consider the broader challenges teachers face in managing diverse classrooms, curricula, and expectations. Educators, too, need to be sensitive towards the concerns of the parents and empathetic towards the needs of the students.

This understanding fosters mutual respect, trust, and open communication, which are key to addressing issues collaboratively. Importantly, both parents and educators must realise they are not adversaries but partners working towards the common goal of providing a well-rounded, supportive environment for the child's growth. Together, they create a strong foundation that sets students up for success, both academically and in life.

Acknowledgement

I am deeply grateful to my husband, Mr. Saket Puri, for his unwavering and invaluable support and encouragement throughout the journey of writing this book. His constant support made this project possible and enriched its outcome in countless ways.

My heartfelt gratitude to the late Aakarshan Banerjee, my English teacher, who motivated me to write the book. Unfortunately, he left us early for heavenly travels, leaving all of us forever mourning.

I would also like to acknowledge the efforts of Mr. Hutansh Verma for contributing his illustrations to this book.

This book would not have been possible without the constant support of Ms. Sanyogita Sharma, Mr. Lovkesh Magu, the faculty, and the parent community who encouraged me to compile my memoirs. I love my students beyond any boundaries and always wish well for them.

Lastly, my heartfelt appreciation goes to all my family members, whose unwavering love sustained me through the highs and lows of this endeavour.